LEITURAS **L F** FILOSÓFICAS

Título original:
*Platon lesen*
© Friedrich Frommann Verlag – Günther Holzboog
Stuttgart-Bad Cannstatt, 1993
ISBN 3-7728-1578-2

**Preparação:** Maurício Leal
**Capa:** Ronaldo Hideo Inoue
(execução a partir do projeto gráfico
original de Inês Ruivo)
**Diagramação:** Flávio Santana
**Revisão:** Renato da Rocha

**Edições Loyola Jesuítas**
Rua 1822 n° 341 – Ipiranga
04216-000 São Paulo, SP
📞 55 11 3385 8500/8501, 2063 4275
editorial@loyola.com.br
vendas@loyola.com.br
www.loyola.com.br

*Todos os direitos reservados. Nenhuma parte desta obra pode ser reproduzida ou transmitida por qualquer forma e/ou quaisquer meios (eletrônico ou mecânico, incluindo fotocópia e gravação) ou arquivada em qualquer sistema ou banco de dados sem permissão escrita da Editora.*

ISBN 978-85-15-03096-5

© EDIÇÕES LOYOLA, São Paulo, Brasil, 2005

# THOMAS A. SZLEZÁK

# LER PLATÃO

Tradução
Milton Camargo Mota

Edições Loyola

# SUMÁRIO

PREFÁCIO ........................................................... 9

I. O PRAZER DE LER PLATÃO ............................................ 13

II. O LEITOR SE INTRODUZ NA LEITURA .................................. 17

III. UM EXEMPLO DE RECEPÇÃO INDIVIDUAL ............................... 21

IV. POSSÍVEIS ATITUDES ERRÔNEAS POR PARTE DO LEITOR ................. 25

V. O QUE NÃO SE CONHECE NÃO SE VÊ .................................... 29
   a) O tema da "ocultação" nos diálogos ............................. 29
   b) O próprio Sócrates retém saber ................................. 32
   c) Os diálogos apontam para além de si mesmos ..................... 34

VI. CARACTERÍSTICAS DO DIÁLOGO PLATÔNICO ............................ 37

VII. QUESTÕES SOBRE AS CARACTERÍSTICAS ............................... 41

VIII. PARA QUEM ESCREVE PLATÃO? ................................. 47

IX. O DIÁLOGO DE PLATÃO FALA COM VÁRIAS VOZES? A TEORIA MODERNA DO DIÁLOGO ................................. 51

X. UMA ANTIGA TEORIA DA INTERPRETAÇÃO ................. 59

XI. A INTERPRETAÇÃO DE SIMÔNIDES NO *PROTÁGORAS* .. 65

XII. A CRÍTICA DA ESCRITA NO *FEDRO* ............................. 69

XIII. A DEFINIÇÃO DO FILÓSOFO COM BASE EM SUA RELAÇÃO COM SEUS ESCRITOS ................................... 81

XIV. O SIGNIFICADO DE τιμιώτερα ......................................... 87

XV. O "AUXÍLIO AOS *LOGOS*" NOS DIÁLOGOS ................... 93

    a) Três exemplos do "auxílio" platônico ......................... 94

    b) A sempre idêntica situação de βοήθεια ..................... 98

XVI. A ASCENSÃO AOS PRINCÍPIOS E A LIMITAÇÃO DA COMUNICAÇÃO FILOSÓFICA ...................................... 103

XVII. ALGUMAS PASSAGENS DE RETENÇÃO ..................... 111

XVIII. A DOUTRINA DA ANAMNESE E A DIALÉTICA NO *EUTIDEMO* ............................................................ 125

XIX. O SIGNIFICADO DAS ALUSÕES PARA A LEITURA DE PLATÃO ................................................. 129

XX. A TÉCNICA DRAMÁTICA DE PLATÃO: ALGUNS EXEMPLOS .................. 139

    a) A ação contínua ..................... 140

    b) Interrupção do diálogo narrado ............................. 143

    c) A troca de interlocutor ........................... 145

XXI. IRONIA .................... 151

XXII. MITO ..................... 155

XXIII. MONÓLOGO E DIÁLOGO COM INTERLOCUTORES IMAGINÁRIOS ............ 161

XXIV. AS CARACTERÍSTICAS DO DIÁLOGO: O QUE REALMENTE SIGNIFICAM .......................... 165

XXV. COMO E POR QUE A FORMA DIALÓGICA FOI MAL COMPREENDIDA .................... 173

XXVI. A DIFERENÇA ENTRE ESOTERISMO E A OBSERVÂNCIA DO SEGREDO ........................... 179

XXVII. O CONCEITO DE FILOSOFIA EM PLATÃO E A FINALIDADE DOS DIÁLOGOS ..................... 183

REFERÊNCIAS BIBLIOGRÁFICAS ........................... 187

ÍNDICE DE AUTORES CITADOS .............................. 191

# PREFÁCIO

A Platão nunca faltaram leitores, e não se deve temer que lhe faltem no futuro.

É certo que não precisamos "descobrir" Platão nos dias de hoje, mas há um traço especial na leitura de Platão. É provável que nenhum outro autor filosófico tenha tido uma atitude tão discrepante quanto Platão em relação à escrita como instrumento de transmissão do conhecimento. A forma dialógica é, com razão, considerada uma maneira extraordinariamente refletida de lidar com a palavra escrita. No entanto, o que Platão quis alcançar com ela é algo controverso como poucas outras coisas. Assim, pode-se aplicar à leitura das obras platônicas o que Aristóteles disse certa vez sobre a consideração da verdade em geral: é em parte fácil porque ninguém pode errar totalmente o alvo, e em parte difícil porque ninguém alcança a precisão necessária.

O presente volume pretende desenvolver seu tema começando do "fácil", isto é, do que em Platão é diretamente acessível a nós modernos e incontroverso, para a partir disso trabalhar o caminho rumo ao "difícil", ou seja, aos traços da obra dialógica platônica que não correspondem à nossa visão moderna do uso da escrita na filosofia e que, em conseqüência, são muitas vezes mal interpretados ou completamente ignorados, mas, não obstante, atingem o cerne da compreensão platônica de filosofia.

*Ler Platão* apareceu primeiramente numa tradução italiana sob o título *Come leggere Platone* (Milão, Rusconi, 1991, 2. ed. 1992). Concebido originalmente como um volume para acompanhar a nova e bem-cuidada tradução de todos os diálogos platônicos por Giovanni Reale e seus colaboradores, este livro não se dirige apenas ao especialista em Platão — a ele também, naturalmente —; ele quer alcançar, ao mesmo tempo, o não-especialista dentro e fora da "disciplina" filosofia. Ele não pretende simplificar ou "popularizar", mas busca aproximar do crescente círculo de leitores de Platão os complexos problemas da hermenêutica dos diálogos platônicos, numa forma que não seja acessível somente ao especialista que consumiu anos nisso.

O objetivo deste trabalho não é uma confrontação detalhada com o paradigma romântico da exegese de Platão, fundado por Friedrich Schleiermacher e do qual o quadro aqui esboçado sobre os fins, os meios e as técnicas de exposição afasta-se em pontos essenciais: a esse respeito, o leitor pode consultar *Platon und die Schriftlichkeit der Philosophie* (Berlin/New York, 1985) e nele, em particular, o apêndice sobre o método ("Die moderne Theorie der Dialogform", 331-375). Conforme decisão da editora Rusconi, desde o início se fazem referências a esse livro, mas de modo nenhum se pressupõe o conhecimento dele para a leitura desta obra.

O objetivo é chegar a uma interpretação dos escritos filosóficos de Platão que resista à sua crítica da escrita elaborada no *Fedro*. Querer desvalorizar a própria desvalorização da escrita por parte de Platão ou convertê-la em seu contrário, como foi usual desde o romantismo e ainda o é de muitas maneiras, não abrirá um caminho para a compreensão do escritor Platão. Somente levando a sério sua avaliação da atividade filosófica oral e escrita pode-se compreender adequadamente a técnica e a intenção dos diálogos. O leitor atual deve se adaptar à ótica do autor, contra todo tipo de preconceito e resistência especificamente modernos.

É apenas dessa maneira, acredito, que se pode alcançar o prazer da leitura, ao qual corresponde da parte do autor — segundo um notável testemunho do próprio Platão — o prazer pelo sucesso dos "jardins de Adônis" da escrita (*Fedro*, 276 d).

*Thomas Alexander Szlezák*

# O PRAZER DE LER PLATÃO

Ler Platão representa, antes de mais nada, um prazer intelectual único. A satisfação no trato com seu pensamento não resulta somente da experiência da perfeição artística de seus dramas filosóficos. Acrescenta-se a isso o sentimento de que, como leitores, não somos apenas testemunhas, mas também, de alguma maneira, uma parte da viva disputa que se delineia em traços magistrais como uma interação natural de caracteres que parecem tirados da própria vida.

A imediatez e o frescor, desde sempre admirados como características da arte e da cultura gregas em geral, são qualidades que poucos, mesmo no interior dessa cultura, alcançaram em tão alto grau como Platão. Embora seja o herdeiro espiritual das tão criativas épocas arcaica e clássica e saiba assimilar de forma altamente reflexiva a experiência de gerações de poetas e pensadores, ele pode ao mesmo tempo causar a impressão de que, no variegado mundo ateniense que retrata, o questionamento filosófico começou por assim dizer sem pressupostos, do zero.

Outra característica igualmente importante de seu mundo literário são sua diversidade e sua vasta riqueza espiritual, pois a imediatez e a autenticidade de sua reprodução do ambiente ateniense não significam de maneira nenhuma que Platão, como escritor, estivesse entregue às casualidades históricas e à delimitação social desse mundo. Com o gesto soberano de poeta, Platão liga sua Atenas natal a tudo o que a história intelectual grega havia produzido. Nesse empreendimento, ele pôde certamente partir de acontecimentos históricos, como quando toma os grandes intelectuais do século V, que de fato vinham de bom grado a Atenas, e os faz aparecer nos primeiros diálogos diante do público ateniense e falar em favor da nova idéia de educação e cultura de que eram portadores. Mas quando, em obras posteriores, ele faz vir a Atenas um anônimo "hóspede de Eléia" ou o próprio Parmênides (no diálogo que leva seu nome) e os leva a filosofar juntamente com o jovem Sócrates qualquer plausibilidade histórico-biográfica fica fora de consideração. No *Timeu*, diálogo que se ocupa da filosofia da natureza, um homem de estado e erudito não-ateniense, a quem poderíamos considerar pitagórico, ainda que não seja expressamente designado como tal, fala diante de um pequeno círculo, composto apenas na metade por atenienses, sobre a estruturação do cosmos pela razão divina do demiurgo. Inversamente, em sua última obra, *Leis*, um ateniense — que nessa ocasião permanece anônimo e por isso remete tanto mais à cultura de sua cidade — desenvolve em território estrangeiro, precisamente em Creta, diante de dois representantes da conservadora cultura dórica, uma imagem ampla de uma bem-ordenada sociedade futura e de seus fundamentos intelectuais.

Parece portanto que Platão, com o artifício da escolha do interlocutor, quis não somente ampliar de uma obra à outra o horizonte espiritual, mas também, no geral, refletir um complexo processo histórico: primeiramente, chegou à Atenas politicamente poderosa uma nova cultura de filosofia natural e social desenvolvida fora dela; ali se desenvolveu, em confronto com o patrimônio de idéias importadas, a filosofia conceitual ática, que, tão logo se viu segura de seus métodos, aprofundou sua investigação e incorporou os fundamentos do século V, a saber, a filosofia dos eleatas, de Heráclito e dos pitagóricos; finalmente, esse exame dos fundamentos resulta, como se simboliza nas *Leis*, na transmissão de uma concepção político-moral, nascida do mais rigoroso exercício metodológico, a todo o mundo helênico por intermédio do "Ateniense". Dessa maneira, graças aos interlocutores do diálogo platônico — das primeiras obras às mais tardias —, percorremos a evolução histórica de Atenas desde a receptividade intelectual até aprofundamento crítico e, por fim, a criatividade normativa.

Essa imediatez, essa multiplicidade e essa força simbólica dos diálogos, já visíveis nas primeiras alusões, fizeram de Platão o autor que, a despeito das diferenças das culturas nacionais, é considerado hoje em toda parte o mais eficaz instigador do interesse filosófico. Quem começa a filosofar com Platão pode ter certeza de estar no caminho certo.

Contudo, seu efeito vivificador não se limita de modo algum à fase inicial. O verdadeiramente espantoso é que Platão não só fixou o nível do que doravante se pôde chamar filosofia na Europa, mas também elaborou algumas questões sobre metafísica, teoria do conhecimento, ética e filosofia política de forma tão fundamental que, a despeito de uma evolução extraordinariamente frutífera de dois milênios e meio, é impossível não levar em consideração suas abordagens de solução ou pelo menos seu desenvolvimento dos problemas.

Esses poderiam ser os fatores mais importantes para a leitura de Platão pelo público atual. O sentimento de poder participar numa primeira origem ainda não adulterada, unido à convicção de estar perante questões ainda relevantes e sustentado pela vivência de uma virtuosidade de linguagem e composição, proporciona ao leitor receptivo aquela experiência de prazer intelectual que evocamos no início.

## II
# O LEITOR SE INTRODUZ NA LEITURA

No entanto, essa experiência, tomada em si mesma, não explica por que a questão de *como* se deve ler o texto é debatida com paixão e controvérsia especiais precisamente quando se trata de Platão. Até mesmo o não-especialista sabe que é esse o caso. Em nenhum outro pensador têm tanta importância quanto em Platão a questão da forma literária em que nos são oferecidos os conteúdos filosóficos e, por conseqüência, a pergunta pelo método com que o leitor deve encarar essa forma particular. Isso porque em nenhum outro pensador é a forma de apresentação tão diretamente importante para o conteúdo quanto é nele: a correta compreensão da forma do diálogo e a correta compreensão do conceito platônico de filosofia se condicionam mutuamente. Trata-se de uma situação paradoxal: precisamente o autor que consegue comunicar como ninguém a experiência de uma entrada direta, natural, por assim dizer, no questionamento filosófico parece requerer uma hermenêutica própria.

Certamente, não foi por acaso que a hermenêutica das obras de Platão e a autônoma disciplina de hermenêutica filosófica se tocaram de maneira estreitíssima em dois pontos importantes de seu desenvolvimento. Foi o importante filósofo romântico e teólogo Friedrich Schleiermacher (1768-1834) que, de um lado, fez pela primeira vez reflexões sobre o papel ativo do leitor e, partindo disso, desenvolveu uma hermenêutica dos diálogos, cujos traços principais são ainda hoje tidos como válidos por muitos, e, de outro, repensou a fundo o velho problema dos teólogos relativo à exegese correta, dando o impulso para uma hermenêutica universal que pode ser considerada o verdadeiro começo da moderna filosofia hermenêutica. No século XX, Hans-Georg Gadamer iniciou sua filosofia a partir de Platão, e em sua primeira obra, *Ética dialética em Platão* (*Platons dialektische Ethik*), de 1931, aprofundou e concretizou as orientadoras noções de Schleiermacher sobre a importância da forma para o conteúdo; além disso, em sua obra principal, *Verdade e método* (*Wahrheit und Methode*), de 1960, nos ofereceu um novo fundamento para a hermenêutica filosófica.

A discussão sobre a maneira correta de ler Platão é, em última análise, uma discussão sobre o modo como o leitor deve se introduzir, ele próprio, na leitura. Que nós, quando lemos, não podemos nos abstrair de nosso próprio eu, que não podemos anular nossos variados condicionamentos e que, em conseqüência, nós mesmos constituímos um fator essencial no processo da leitura são coisas que se aplicam a qualquer tipo de leitura, e ninguém as refuta. No caso de Platão se acrescenta o fato de que o leitor, como se mencionou no princípio, adquire o sentimento quase inevitável de não ser meramente um espectador, mas também, de modo bastante determinável, uma peça da discussão que ele acompanha — o que naturalmente há de ter conseqüências na maneira como reage ao conteúdo. E, na medida em que a profunda, sempre pessoal participação no acontecimento do diálogo não é evidentemente um efeito que ocorre na obra de Platão de modo casual ou até mesmo contra a intenção do autor, o problema que enfrentamos não pode ser simplesmente o de suprimir da maneira mais ampla possível todos os elementos subjetivos da recepção. Certamente a meta é poder orientar-se apenas pela coisa mesma (cf. *Fédon*, 91 c), mas, no caminho para essa meta, não seria útil agir como se já a tivéssemos alcançado e desconsiderar a possibilidade de haver em nós mesmos obstáculos decisivos (mas, com sorte, também auxílios) para a aproximação da meta. Devemos obviamente reagir aos dramas de Platão não somente com o entendimento analítico, mas com todo o nosso ser. A pergunta é, pois: de que índole deve ser a participação ativa do leitor e que parte pode ter sua espontânea contribuição na construção do sentido?

## III
# UM EXEMPLO DE RECEPÇÃO INDIVIDUAL

Platão, mais do que ninguém, tinha clara consciência do condicionamento individual na recepção da filosofia. Repetidas vezes ele nos mostra como um interlocutor é impedido pela disposição singular de sua alma de compreender o que se pretende significar.

Um dos exemplos mais conhecidos é o de Cálicles no diálogo *Górgias*. Cálicles defende a tese do chamado direito natural do mais forte, segundo a qual é lícito e correto que aquele que supera os outros em força e poder os subjugue e, cruelmente, os submeta às exigências de seus próprios interesses. Segundo esse ponto de vista, a própria natureza deseja o domínio do mais forte, e a concepção usual de justiça, que põe o direito do outro como limite à realização dos desejos pessoais, não seria mais que uma construção ideológica dos fracos, que querem desacreditar a saudável aspiração do forte à satisfação irrestrita de seus instintos e desejos (cf. *Górgias*, 482 c-486 d).

Platão poderia ter feito expor essa tese com sereno distanciamento, como contribuição meramente teórica no caminho de uma fundamentação dos princípios éticos. Em vez disso, deixa que Cálicles a apresente como seu credo pessoal. Ela não é apenas um "ponto de vista" intelectual, mas a expressão imediata de sua cupidez doentia e de seu egocentrismo desmedido. Quando Sócrates lhe demonstra com argumentos concludentes que a idéia convencional de justiça é plena de sentido e que, em contrapartida, o chamado direito do mais forte é em si mesmo contraditório, Cálicles já não pode ir adiante — mas não por falta de inteligência, pois ele claramente a tem bastante, e sim por causa das limitações de seu caráter. Diz-se com inteira clareza que são suas pulsões indômitas que o impedem de compreender e aceitar a visão socrática, teoricamente bem fundamentada e moralmente salutar (cf. *Górgias*, 513 c).

Cálicles tem, em particular, uma concepção errada de si mesmo: identifica-se com seus desejos e pulsões (*Górgias*, 491 e-492 c). Não sabe nem quer saber que o homem é algo mais que suas pulsões, e que a razão nele não existe para ser empregada de maneira puramente instrumental a serviço das pulsões, mas é uma força divina que exerce controle sobre as partes inferiores da alma. É claro que Sócrates já tem preparada uma teoria correspondente da estrutura interna do homem (cf. *Górgias*, 493 a ss.), mas, vendo que Cálicles não teria o que fazer com ela, ele absolutamente não começa a desenvolvê-la com argumentos, contentando-se com algumas indicações só compreensíveis em todo o seu alcance a partir da doutrina da alma desenvolvida integralmente na *República*. No entanto, mostra-se a Cálicles que ele mesmo ainda não conhece "os pequenos mistérios", e a iniciação nos "grandes mistérios" não é permitida sem o conhecimento dos níveis inferiores (497 c). Dito de outra maneira: a solução real do problema, que para Platão somente pode ser alcançada pelo recurso à estrutura interna do homem, não precisa ser comunicada a um caráter como o de Cálicles, já que lhe faltam os pressupostos para uma recepção adequada de tais verdades[1]. Dessa forma, Cálicles recebe apenas uma refutação *ad hominem*, na medida em que

---

1. A respeito dessa passagem, ver mais adiante p. 114 s.

Sócrates demonstra a contraditoriedade de sua posição em seu próprio nível de argumentação (494 ss.).

Com esse brilhante exemplo de caracterização literária, Platão nos diz com toda clareza que sua filosofia exige o ser humano por inteiro. Só a capacidade intelectual não basta, requer-se uma afinidade interna entre a coisa que deve ser comunicada e a alma a que ela deve ser comunicada. Quem não está pronto para ingressar num processo de remodelação interior também não está habilitado para conhecer a solução total.

A atitude positiva não é necessária somente para a causa que o filósofo defende. Como o filosofar é um processo que decorre entre pessoas individuais, também é preciso benevolência (εὔνοια) em relação ao interlocutor. Platão mostra de maneira impressionante que a conversação entre Sócrates e Cálicles deixa de ser uma verdadeira comunicação porque Cálicles não pode tratar o interlocutor com benevolência[2]. De fato, a convicção de Platão é que o verdadeiro filosofar é possível apenas entre amigos e que a argumentação filosófica, para ser fecunda, só pode discorrer em "refutações bem-intencionadas" (εὐμενέσιν ἐλέγχοις, *Carta sétima*, 344 b 5). Além de no *Górgias*, essa convicção, que determina sua apresentação dos personagens em todos os diálogos, é reconhecida com especial clareza também no *Lísis*, no *Banquete*, no *Fedro* e na *República*. Naturalmente, a "amizade" não deve ser entendida aqui como inclinação subjetivo-casual e portanto como mero afeto — ela surge, antes, da orientação comum pelo "divino" e pelo "sempre-existente", em suma, pela idéia mesma do Bem.

Cálicles certamente é um personagem extremo. Platão o delineou de modo conscientemente provocativo, fazendo-o confessar abertamente e sem pudor sua imoralidade, como

---

2. Cf. minha interpretação do diálogo em *Platon und die Schriftlichkeit der Philosophie. Interpretationen zu den frühen und mittleren Dialogen*, Berlin/New York, 1985, 191-207, esp. 197s. (doravante citado como *PSP*).

provocação dirigida aos opositores filosóficos que rejeitam sua fundamentação da ética numa doutrina metafísica da alma e das Idéias, mas também como provocação ao futuro leitor — a nós portanto, que temos todos dentro de nós um Cálicles, ao menos potencialmente. O retrato provocantemente realista de uma hostilidade radical à ética obriga-nos a esclarecer nossa própria atitude (a consciente e ainda mais a inconsciente) com relação "ao direito do mais forte".

## IV
# POSSÍVEIS ATITUDES ERRÔNEAS POR PARTE DO LEITOR

Quanto à benevolência em relação ao interlocutor, necessária para toda compreensão genuína, a contraparte viva é substituída para nós, leitores, pela exposição escrita. Isso, sem dúvida, dificulta a obtenção de uma atitude correta, na medida em que as atitudes errôneas que eventualmente apareçam não podem ser corrigidas pelo livro — contrariamente ao que ocorre com um interlocutor em pessoa. Por isso, é de decisiva importância reconhecer como tais certas irritações que podem surgir na leitura de Platão e contrapor-se a elas. A experiência mostra que se trata de irritações que podem aparecer precisamente no leitor aberto por princípio, filosoficamente interessado, e além disso dotado de gosto e educação. Temos de reconhecer que elas são uma conseqüência da concepção platônica da maneira correta da comunicação filosófica e com isso, em última análise, uma conseqüência de seu conceito de filosofia; somente desse modo se pode impedir que uma irritação passageira se converta num impedimento permanente para a apropriação do pensamento platônico.

a) Se nos diálogos aporéticos, depois de uma ampla investigação que resulta vã, também não se alcança uma solução na última tentativa, o leitor, a quem permanece oculto o sentido da singular perambulação, fica facilmente com a impressão de que o conjunto é trabalho perdido ou, em todo caso, um proêmio demasiadamente extenso para o filosofar fecundo que, todavia, ainda fica por vir.

b) Quando se diz nos diálogos construtivos, diante dos mais essenciais problemas, que não podem ser elucidados "agora" ou que seu tratamento deve ser empreendido de novo, nós impacientemente nos perguntamos por que se apresentam temas tão proveitosos para afastá-los logo em seguida e se a permanente referência a algo ainda mais essencial corresponde a alguma coisa no pensamento de Platão, ou se o leitor não é convertido num Tântalo a quem somente se simula a existência de frutos reais.

c) Os primeiros e os últimos diálogos têm em comum uma inalterável superioridade do condutor do diálogo em relação a seu interlocutor. Talvez se possa aceitar que "o Ateniense" nas *Leis* doutrine incessantemente seus inexperientes amigos dórios, fazendo uso de uma reserva inesgotável de sabedoria superior, ou que "o hóspede de Eléia" tenha uma notável vantagem em relação aos jovens com quem conversa; mas, nos diálogos com caráter agonístico, a lei da eqüidade parece ferida quando os companheiros de interlocução são extremamente desiguais e "Sócrates", ao que parece, não encontra dificuldade em triunfar sobre seus oponentes. Então, admirados, nos perguntamos se pode haver um campeão tão sobrepujante na luta discursiva, capaz de vencer a todos com a mesma facilidade, não importa se o multilateral Hípias, o radical Cálicles, o irascível Trasímaco, o festejado Protágoras ou o muito estimado Górgias. De algum modo, isso parece inusual e pouco crível; instintivamente desejamos mais equilíbrio, mais paridade. Alguns leitores irritados podem até começar a se revoltar interiormente contra o invencível Sócrates.

Tais reações são perfeitamente compreensíveis, mas basta considerá-las em seu contexto para ver que têm a ver com nossa tipicamente moderna exigência de igualdade e de revelação incondicional de panos de fundo suspeitados. Como pessoas do democrático, pluralista e antiautoritário século XX, estamos emocionalmente — saibamos ou não — em tão forte sintonia com o relativismo reinante que encaramos com ceticismo ou até com resistência interior um "Sócrates" imensamente superior ou um "Ateniense" que se atreve a caracterizar a opinião que defende como a única correta, e sentimos seu jogo com a aporia como falta de franqueza e sua referência a teses a ser futuramente adquiridas como fuga das exigências do momento. Em vez disso, deveríamos perguntar se Platão, com tal concepção de personagens, não quer nos comunicar algo especial e não mais imediatamente compreensível, ou se ela não remete talvez a um conceito de filosofia que se desvia essencialmente das convicções do século XX mas, precisamente por isso, está em condições de complementá-las e enriquecê-las.

A partir disso vemos que a reação integral (e não somente intelectual) do leitor ao evento dialógico, reação provocada pelo próprio texto, encerra ao mesmo tempo um perigo. O leitor que não descobre o fator deformador que ele mesmo representa corre o risco de ficar preso numa compreensão superficial. No entanto, o fator deformador não precisa ser de natureza puramente individual-subjetiva. Não apenas indivíduos se introduzem na leitura, mas também épocas inteiras. Isso pode fazer com que coisas que estão no texto não sejam vistas ou consideradas ao longo de gerações, somente porque não se ajustam ao pensamento da época. Essa idéia será ilustrada a no exemplo a seguir.

# V
# O QUE NÃO SE CONHECE NÃO SE VÊ

## a) O tema da "ocultação" nos diálogos

Desde a descoberta por Schleiermacher de que para Platão a forma não é indiferente para o conteúdo, a interpretação de Platão se viu diante da tarefa de investigar a técnica dramática dos diálogos como um todo e em seus pormenores. Infelizmente não se pode afirmar que a investigação tenha chegado muito longe no cumprimento dessa tarefa. No entanto, têm sido repetidamente descritos alguns recursos dramatúrgicos, como a troca de interlocutor, e alguns temas recorrentes, como o recurso da citação de poetas. Mas ainda permanece ignorado um tema que em razão de sua estranheza e de sua exigência de esclarecimento, mas sobretudo em razão de sua proeminência na obra de Platão, deveria ter merecido uma descrição e uma interpretação precisas. Refiro-me ao tema da ocultação e da retenção intencional do saber.

Este tema é estranho para nós, porque na Europa há muito se impôs o postulado da publicidade incondicionada dos frutos do trabalho filosófico e científico, e por causa disso ninguém conta nem ao menos com a possibilidade de que alguém possa reter conscientemente um resultado digno de menção.

(No entanto, vale lembrar que foi só no início no século XVII, e não sem dificuldade, que se adotou o princípio da abertura do trabalho intelectual, como demonstrou o sociólogo norte-americano Robert K. Merton[1]; atribuir essa atitude, como se fosse natural, a épocas anteriores seria, por conseguinte, ingênuo porque a-histórico.)

No que concerne à freqüência do tema da ocultação, é verdadeiramente espantosa a regularidade com que Platão recorre a ela. Repetidas vezes os interlocutores de Sócrates caem na suspeita de não querer mostrar seu saber, ou não em sua totalidade, seja simplesmente a fim de retê-lo para si, como parece ser o caso do heraclitiano Crátilo ou do aspirante a teólogo Eutífron, seja a fim de submeter os demais a prova, como se supõe no sofista Pródico, ou ainda simplesmente a fim enganá-los, como pode se considerar possível no caso de Crítias, Cálicles, Hípias e do rapsodo Íon[2]. Nos casos mencionados, talvez seja de alguma maneira desculpável que o tema, obviamente importante para Platão, não tenha recebido a devida atenção. Parece, contudo, inacreditável que não se tenha notado que a retenção do saber num dos diálogos mais perfeitos no plano formal, o *Eutidemo*, constitui o tema estruturante e também, em grande medida, definidor do sentido, sem cuja compreensão não se pode apreender o diálogo por completo. A "ação" do *Eutidemo* consiste na intenção de Sócrates de levar os sofistas Eutidemo e Dionisodoro a abandonar seus truques tolos e tentativas de confundir, para que mostrem o que têm a oferecer de sério no terreno da filosofia. Com isso, Sócrates os acusa de possuir importantes idéias, mas de ocultá-las intencionalmente até aquele instante. Sem conseguir arrancar a "seriedade" dos sofistas, ele lhes recomenda que no futuro não esbanjem sua sa-

---

1. R. K. MERTON, *The Sociology of Science*, Chicago, 1973, esp. 273 ss.
2. Cf. *Crátilo*, 383 b-384 a, 427 d e; *Eutífron*, 3 d, 11 b, 14 c, 15 e; *Protágoras*, 341 d; *Cármides*, 174 b; *Górgias*, 499 b c; *Hípias menor*, 370 e, 373 b; *Hípias maior*, 300 c d; *Íon*, 541 e.

bedoria, mas que sigam tão reservados como até o momento, pois, diz ele, "o que é raro é precioso" (*Eutidemo*, 304 b; logo nos ocuparemos da interpretação da conduta de Sócrates).

A retenção consciente do saber filosófico é algo que Platão não imagina somente como uma possível decisão de indivíduos, mas também como uma medida de Estado para a organização da educação. Já no relativamente precoce *Protágoras* se esboçou, não sem traços de humor, um quadro fictício da Esparta "real", cuja verdadeira força consistiria não em guerrear, mas em filosofar. Lamentavelmente, continua a ficção, o restante dos gregos nada sabia dessa fonte de filosofia, a mais antiga e importante da Grécia, porque os espartanos não lhes haviam permitido tomar parte, mas sim ou se associavam secretamente com sua elite de pensadores ou encenavam as conhecidas expulsões de estrangeiros, cuja verdadeira finalidade seria poder filosofar sem testemunhas (*Protágoras*, 342 a-e).

Mais importante que essa jocosa ficção é a imagem oferecida pelas duas utopias de Estado. Na *República*, o preciso programa para a formação da *elite* filosófica dos governantes pressupõe que o conteúdo da educação não esteja livremente à disposição de todos. Por exemplo, a prescrição de conduzir apenas os mais capazes à contemplação do princípio supremo, a Idéia do Bem, e isso apenas depois dos 50 anos (*República*, 540 a), simplesmente não faria sentido se os jovens de 20 anos — entre os quais os talentos médios e mais fracos, que devem ser excluídos da "educação mais precisa" (503 d) — pudessem obter informações em toda parte, até mesmo na forma escrita, sobre as atividades filosóficas da última fase. O longo e trabalhoso período nas disciplinas propedêuticas e a sistemática passagem, sem nada antecipar, a cada fase superior são apenas concebíveis se os que dispõem das formas superiores do saber lidam responsavelmente com ele, e isso significa que o tornem acessível somente aos que estão suficientemente equipados para isso. (Ainda veremos que o próprio Sócrates, no diálogo *A Repú-*

*blica*, também age nesse espírito.) No projeto posterior do Estado ideal de Platão, nas *Leis*, a direção suprema do Estado, o chamado "Conselho Noturno", está desde o início envolto numa aura de mistério: o cidadão comum do Estado ideal cretense não tem acesso nem às decisões, nem às informações e à educação com base nas quais os membros do Conselho tomam suas decisões (*Leis*, 951 d-952 b, 961 a b; cf. 968 d e).

### b) O próprio Sócrates retém saber

Levando em conta tudo isso, já se pode dizer com certeza que para Platão — diferentemente do século XX — a retenção do saber era uma idéia central, de uma atualidade obviamente grande. Isso fica ainda mais claro quando examinamos a atitude de Sócrates no *Eutidemo*. Há pouco mencionamos que ele acusava os sofistas Eutidemo e Dionisodoro de propositalmente oferecerem mero "jogo" atrás do qual haveria uma "seriedade" filosófica, provisoriamente ainda retida. Sua pertinaz tentativa, perseguida em todo o diálogo, de extrair as "sérias" visões dos interlocutores mostra entretanto, com crescente clareza, que na realidade eles não têm nada além dos sofismas pueris com que enganam os jovens. Sócrates está ciente disso desde o princípio — sua insistência numa "seriedade" deliberadamente ocultada atrás do "jogo" dos sofistas não é mais que pura ironia.

Mas por que Sócrates escolhe justamente essa forma de escárnio a seus opositores? Uma olhada nas teorias filosóficas a que ele mesmo alude nesse diálogo, sem contudo desenvolvê-las com argumentos, pode explicar sua atitude: esse "Sócrates" evidentemente conhece a doutrina platônica da anamnese e das Idéias, incluindo a teoria da dialética. No entanto, o leitor atual só pode ter certeza disso mediante cuidadosa comparação de suas declarações no *Eutidemo* com as correspondentes exposições em outros diálogos, sobretudo *Mênon*, *Fedro* e *República*. Apenas quem está de posse desse pano de fundo filosófico mais amplo pode unir num todo coerente as alusões fragmentadas e abruptamente interpoladas. Isso significa que, se tivéssemos de Platão apenas o diálogo *Eutidemo*, não poderíamos compreender o ponto de vista filosófico do interlocutor principal — tal como, nesse diálogo, os interlocutores obviamente não compreendem Sócrates. Em outras palavras, Sócrates age "esotericamente" no *Eutidemo*: ele dispõe de um saber mais fundamental, porém não vê necessidade alguma de o expor a interlocutores que têm uma formação insuficiente ou que não são apropriados para a filosofia. Portanto, a habilidade de reter saber filosófico se necessário, caso as circunstâncias o exijam, é algo que Platão apresenta como uma qualidade positiva do filósofo verdadeiro. Sócrates emprega um sarcasmo mordaz quando atribui aos pseudofilósofos Eutidemo e Dionisodoro, sob elogios irônicos, essa qualidade positiva, que eles evidentemente de modo nenhum reivindicam[3].

Assim, quem compreendeu a sutil ironia no *Eutidemo* não interpretará erroneamente o escárnio de Sócrates quanto ao ocultamento aqui e em outros diálogos como expressão de uma atitude antiesotérica de Platão, mas perceberá a indicação de que apenas o verdadeiro filósofo é capaz de uma reticência judiciosa, ou seja, de uma responsável comunicação do saber que leve em conta os limites do receptor.

A posição contrária, levar o saber ao mercado como um comerciante que apregoa sua mercadoria e procura vender o máximo possível, sem levar em conta as necessidades e o grau de educação dos ouvintes, é para Platão a atitude dos sofistas. O sofista é por essência antiesotérico. Não surpreende que Platão ponha na boca justamente de Protágoras, o líder mais importante da sofística do século V, uma defesa do princípio de abertura na comunicação do saber (*Protágoras*, 317 b c).

---

3. Para uma argumentação mais detalhada dessa interpretação de *Eutidemo*, cf. meu artigo "Sokrates' Spott über Geheimhaltung. Zum Bild des φιλόσοφος in Platons Euthydemos", *Antike und Abendland*, 26, 1980, 75-80, assim como o capítulo sobre *Eutidemo* em *PSP* (cf. supra p. 30, nota 2), 49-65.

## c) Os diálogos apontam para além de si mesmos

Os diálogos *Cármides* e *República*, entre muitos outros exemplos[4], também mostram como a difusão indiscriminada do saber corresponderia pouco a Sócrates como figura literária ideal do filósofo. Na expandida ação que constitui a estrutura do *Cármides*, o objeto da discussão é, numa transparente metáfora, um medicamento (φάρμαχον) importado da Trácia, que Sócrates poderia dar ao jovem Cármides para curar sua dor de cabeça — mas ele não o dá porque, acrescenta Sócrates, só poderia ser útil a quem antes tivesse exposto sua alma ao "encantamento" (*Cármides*, 155 e). Também aqui, portanto, o medicamento já está à disposição, mas deliberadamente não é aplicado porque o receptor, filosoficamente, não está avançado o suficiente para recebê-lo com proveito.

Na *República*, a "ação" contínua consiste na tentativa dos irmãos Glauco e Adimanto de induzir Sócrates a comunicar suas opiniões sobre a justiça. Apesar de seu apreço pelos irmãos, isso não é para ele um ponto pacífico; pelo contrário, é necessária sempre uma nova "coerção" para fazer Sócrates revelar suas visões. É decisivo, contudo, que a "coerção" exercida por Glauco e Adimanto tenha sucesso apenas até certo ponto: de fato, durante o esboço do quadro de um Estado ideal, Sócrates também diz em que consiste a justiça, mas, quando é pressionado a expor com maior exatidão suas opiniões sobre a idéia do Bem como princípio de todas as coisas, ele declara que deixa de lado inúmeras coisas, e em particular o mais essencial, a saber, a discussão sobre a "essência" (τί ἐστιν) do Bem (509 c com 506 d e). E quando Glauco, num momento posterior, volta a insistir e quer saber algo mais preciso sobre a dialética filosófica, apenas esboçada em linhas gerais por Sócrates, este lhe informa também o motivo por que limita propositalmente a comunicação

---

4. Quase todos os diálogos contêm algo relevante a esse tema. Tentei oferecer em *PSP* um quadro abrangente da forma socrática de comunicar os pontos de vista filosóficos.

filosófica: ele próprio, Glauco, é o motivo, por não estar intelectualmente à altura das argumentações mais precisas de que Sócrates é capaz e para as quais está preparado (*República*, 533 a). Com esse exemplo, já tocamos numa característica estrutural central dos diálogos platônicos: não é apenas a *República* que contém passagens como as descritas; quase todos os diálogos mostram, em trechos estruturalmente realçados, uma ou várias asserções em que o condutor do diálogo deixa indubitavelmente claro que teria outras coisas e coisas mais importantes a dizer justamente sobre os aspectos mais essenciais da questão tratada, mas que não o fará nesse momento e nesse lugar. Tais passagens, que são de suprema importância para a correta compreensão de Platão e que nos ocuparão repetidamente, serão a seguir designadas por nós como "passagens de retenção".

Nada do que se descreveu nas últimas páginas — a recorrente suspeita de que os interlocutores estejam retendo seu saber; a elucidação do sentido desse tema por Platão com a "ação" do *Eutidemo*; a limitação do acesso à filosofia nos delineamentos do Estado ideal; a ação de todos os diálogos que exibem um manuseio da comunicação filosófica pelo próprio Sócrates estritamente dirigido ao receptor, isto é, um manuseio esotérico; e, finalmente, até mesmo as asserções das "passagens de retenção" — desempenhou qualquer papel (ou, quando desempenhou, foi modesto) na moderna exegese platônica das últimas gerações, não obstante se tratar de um traço singular e sedento de explicação. Ou cada uma dessas coisas nem sequer foi notada, como o sutil jogo de Sócrates com a reprovação do "esotérico", ou, como ocorreu com as "passagens de retenção", foi apenas parcialmente compreendida e, em conseqüência de tal estreitamento de visão, sistematicamente mal interpretada[5].

---

5. Para o tratamento das "passagens de retenção" pelos comentadores, cf. *PSP*, 324 ss., com a nota 144. O primeiro que reconheceu claramente a importância dessas passagens foi Hans Joachim KRÄMER, *Arete bei Platon und Aritoteles*, Heidelberg, 1959, 389 ss.

A razão disso, como já se indicou acima, é que toda a nossa época — a "modernidade" desde o iluminismo e também a chamada "pós-modernidade" — não encontra aplicação alguma para a limitação consciente da comunicação filosófica e conseqüentemente não têm nenhuma compreensão dela. Só se vê o que se conhece.

Platão não escreveu apenas para a moderna cultura livresca dos séculos XIX e XX. Se não começarmos a levar a sério essa perspectiva simples mas fundamental, estaremos obstruindo o acesso à sua intenção filosófica.

A consideração da crítica platônica da escrita no *Fedro* nos permitirá compreender sua posição a respeito do problema da comunicação do saber filosófico (infra, cap. 12). Todavia, antes de chegar aí, é preciso tentar fazer um inventário das características formais essenciais (mas ao mesmo tempo relevantes para o conteúdo) do diálogo platônico (caps. 6 e 7) e perguntar se é possível reconhecer para que público Platão realmente escreveu (cap. 8) e se ele se atém a uma determinada teoria de interpretação de textos e escreve em função dela (caps. 9 e 10).

# VI
# CARACTERÍSTICAS DO DIÁLOGO PLATÔNICO

As observações a seguir tentam apreender as características essenciais que, juntas, constituem a estrutura básica da morfologia do diálogo platônico. Em sua totalidade, essas características são a expressão de uma determinada concepção da comunicação do saber filosófico e, por isso, indiretamente também de um certo conceito de filosofia.

Vamos considerar apenas as características para as quais não há nenhuma, ou quase nenhuma, exceção e que podem ser encontradas em todas as fases da obra platônica (razão pela qual não foi incluído, por exemplo, o término aporético, característico de algumas das primeiras obras). Qualquer teoria do diálogo platônico deveria poder explicar tais características fundamentais; mas surpreendentemente, como agora se deve enfatizar, a teoria antiesotérica do diálogo que predominou nos séculos XIX e XX só pode oferecer uma explicação parcial dessas características — isso é um indício claro de que deve ser substituída por um novo paradigma que se aproxime mais das convicções de Platão.

(1) As obras filosóficas de Platão retratam, sem exceção, *conversações*. Todavia, na moldura da conversação também são possíveis longos *discursos monológicos*.

(2) A conversação ocorre num lugar e num espaço determinados. Os participantes são indivíduos com características próximas à vida; pessoas que, salvo poucas exceções, podem ser identificadas historicamente.

(3) Cada diálogo possui um personagem que, claramente, assume a direção da conversa. O nome do líder da conversa é inicialmente "Sócrates"; como os outros participantes, ele é individualmente caracterizado, mas desde o início com certa tendência idealizadora. Nos últimos diálogos, o líder da conversação pode também ter outros nomes; nesses casos ele permanece, como pessoa, menos nítido do que seus interlocutores.

(4) O líder da conversação fala com apenas um interlocutor de cada vez. As conversações com mais de dois interlocutores desmembram-se em sessões de conversação, que mostram o líder do diálogo em conversa com interlocutores que mudam. Conversas a três em grande escala não existem. O líder pode suspender a conversação com seu verdadeiro interlocutor e substituí-la por um diálogo-modelo com um interlocutor imaginário.

(5) O líder da conversa pode responder a todas as objeções. Em conversações de caráter agonístico, pode refutar todos os participantes; ele mesmo nunca é refutado. Todos os elementos da conversação que realmente a fazem avançar são introduzidos por ele (às vezes, de fato, de maneira "maiêutica": trazendo à luz pensamentos "alheios").

(6) A conversação não progride de maneira contínua, mas é, por assim dizer, alçada aos solavancos a um degrau qualitativamente superior, geralmente no curso da defesa de um ataque.

(7) O líder da conversa não leva a argumentação a um fim orgânico, mas aponta para temas futuros, tópicos que requerem prova, campos de trabalho ulteriores cujo

tratamento seria necessário do ponto de vista da questão discutida, mas que ele caracteriza como residindo fora do alcance da investigação presente. Cada diálogo platônico tem uma ou mais passagens de retenção.

## VII
# QUESTÕES SOBRE AS CARACTERÍSTICAS

As mais evidentes dessas características das obras de Platão foram, em geral, precipitadamente interpretadas no espírito dos esquemas de pensamento correntes de nossa época. Como se acreditava que dessa maneira já se tinham as respostas corretas, sempre se deixou de interrogar os dados do diálogo, como o exige a objetividade. A seguir, vamos enumerar alguns mal-entendidos habituais em que não podemos cair, juntamente com as perguntas mais importantes que se impõem ao considerarmos a lista de características.

A respeito de (1): Para Platão, só é possível filosofar na forma dialogal? O filosofar está ligado à "comunicação existencial" (no sentido do existencialismo do século XX), e a dialógica é a única forma legítima concebível de exposição da filosofia?

Aqui é preciso cuidado. Não esqueçamos que Platão, precisamente no diálogo em que faz Sócrates protestar de maneira particularmente vigorosa contra o "longo discurso" sofista (μακρὸςλόγος, *makros logos*) e defender o procedimento de pergunta e resposta, no *Protágoras*, mostra ao mesmo tempo um Sócrates que faz um longo discurso numa fala contínua (342 a-347 a) e interrompe provisoriamente a vívida disputa com Protágoras em favor de uma conversa imaginária (sobre esse artifício de Platão, cf. infra, ponto 4). Em termos de conteúdo, portanto, o resultado que Sócrates alcança não depende do que Protágoras responde[1]. Isso também é confirmado pelo fato de Platão ocasionalmente descrever Sócrates como pensador solitário ou de fazê-lo remeter a acordos ou discussões pretensamente anteriores ou a ensinamentos que ele afirma ter recebido de terceiros[2]: mostra-se, assim, claramente que o líder da conversação está longe de adquirir suas teses *hic et nunc*; ao contrário, ele introduz modos de pensar e conclusões previamente prontos. Tal fato nos deveria prevenir contra hinos ingênuos ao "dialógico" e ao "processo vivo da discussão". Com isso não se nega a importância da dialogicidade do pensamento, mas o verdadeiro ponto em questão é a dialogicidade *do pensamento* na medida em que para Platão o pensar é uma conversa da alma consigo mesma[3]. O que se descobre por meio do pensar solitário deve ser verificável no diálogo com os outros; para Sócrates, é uma necessidade universal expor aos outros o que foi descoberto e confirmá-lo com eles[4]. Mas o que importa primariamente é a verificabilidade *por princípio*, e quando Sócrates dá valor a verificar tudo com quem *melhor* pergunta e responde, como assegura no *Protágoras*, ele se refere menos ao pensamento de Protágoras do que ao seu próprio. No entanto, esse princípio da dialogicidade também pode ser satisfeito por uma exposição que não seja dialógica em termos de forma, como nos mostram claramente as partes não-dialógicas na obra de Platão, entre as quais podemos enumerar o quinto livro e grande parte do sexto livro das *Leis*, o discurso de Eros no *Fedro* e, sobretudo, o magnífico monólogo do persona-

---

1. É algo bem diferente o fato de realmente depender das reações do interlocutor *o quanto* Sócrates lhe comunicará de suas visões e reflexões (ver infra p. 115 s.).
2. *O Banquete*, 175 b, 220 c d; *Críton*, 49 a; *Mênon*, 81 a; *Górgias*, 493 a; *Hípias maior*, 304 d; *República*, 505 a 3, 611 b 9-10; *Fédon*, 100 b 5.
3. *Teeteto*, 189 e; *Sofista*, 263 e.
4. *Protágoras*, 348 d.

gem-título no *Timeu*: tudo isso é expressão tão genuína da filosofia de Platão quanto o procedimento que consiste em perguntas breves e respostas ainda mais breves.

O uso platônico da forma dialogada não dever nos induzir a acreditar que Platão pretenda permanecer "anônimo" ou esconder-se por trás das opiniões de seus personagens fictícios. Por mais difundida que seja a crença na "anonímia" de Platão, e por mais que tenha sido defendida por respeitados estudiosos[5], ela não passa de um mal-entendido relativamente ingênuo. Por certo, inicialmente pode parecer uma sutil reflexão constatar que Platão em nenhuma parte fala em seu próprio nome e tão-somente dramatiza o conflito de opiniões alheias. Mas daí a um anonimato intencional existe um grande percurso. Um filósofo que realmente permaneceu bom tempo anônimo foi Søren Kierkegaard, que, sob diferentes pseudônimos, como Climacus e Anticlimacus, representou opiniões opostas: se alguém chegasse a reconhecer que por trás estava apenas um anônimo, poderia na verdade se perguntar, confuso, qual era a verdadeira visão do autor. Nada de semelhante ocorre com Platão: em parte alguma se registra que tenha feito circular alguma de suas obras com nome falso, e, quando muito, foi nos escritos aporéticos que o que ele realmente pensava ficou parcialmente obscuro (ainda que, em sua negatividade, esses diálogos também sejam com freqüência bastante claros). Que Platão, por exemplo, acreditava ele próprio na imortalidade da alma, ainda que tenha feito "apenas" Sócrates, Timeu e o "Ateniense" argumentarem em favor dessa tese, é algo de que nenhum leitor da Antiguidade duvidava, e nós mesmos estaríamos demonstrando uma capacidade de juízo pouco sutil se quiséssemos duvidar hoje.

---

5. Um dos primeiros exemplos é Heinrich VON STEIN, *Sieben Bücher zur Geschichte des Platonismus*, Göttingen, 1862, I, 11 s.; em época mais recente foi influente Ludwig EDELSTEIN, Platonic Anonymity, *American Journal of Philology* 83 (1962), 1-22.

A respeito de (2): A fixação do quadro do diálogo num tempo e num lugar determinados, assim como a introdução de personagens individuais e historicamente reais, são um forte indício de que a entrada na prática filosófica nunca ocorrerá sem engajamento pessoal. Isso tudo também poderia ser mal interpretado como acentuação do condicionamento temporal dos resultados almejados — existe, de fato, a opinião de que Platão acreditava que o filósofo não tinha "a expor nada que ele não pusesse em questão imediatamente". A serviço dessa crença, Platão poderia ter relativizado por princípio a verdade buscada, mediante a individualização e a personalização do curso do diálogo.

Em primeiro lugar, Platão nunca representou esse ponto de vista e, em segundo, é preciso salientar que a "historicidade" das situações e personagens do diálogo é uma historicidade suavizada pela maior das licenças poéticas. Também para os interlocutores, como para o leitor, o objetivo é se desfazer dos entraves individuais e avançar rumo a verdades permanentes. O condicionamento situacional e temporal das conversas é, portanto, "ideal" ou exemplar. Apenas por essa razão podemos reconhecer nele nosso próprio condicionamento. Se os personagens de Platão fossem *apenas* personagens históricos, não poderiam nos tocar tão de perto como de fato tocam. Felizmente, eles são individuais de maneira não histórico-casual, mas — se é que podemos falar assim — universalmente válida.

A respeito de (3): É indubitável que teria sido uma possibilidade real para Platão confrontar "Sócrates" ou qualquer outro líder da conversação com parceiros que fossem seus iguais em intelecto ou temperamento ou, inversamente, conferir menos superioridade a "Sócrates" e aos demais "dialéticos". Curiosamente, a falta de uma conversa entre iguais raramente foi notada, e mais raramente percebida como problema. Não poderemos ignorar essa questão; ela está estreitamente relacionada com a questão de saber por que o líder da conversa ou é idealizado ou é tão-somente caracterizado de maneira vaga, e ambas as questões remetem de novo à concepção platônica da comunicação do saber filosófico. Com opositores da mesma força, Platão poderia ter deixado definitivamente sem solução questões fundamentais; como se sabe, falta em Platão esse aporetismo *radical* (em contrapartida, o aporetismo dos diálogos iniciais jamais é o resultado de posições de igual força e, além disso, é abandonado na *República*). Deveremos perguntar qual conceito de filosofia é pressuposto pela concepção de interlocutores desiguais.

A respeito de (4): O fato de evitar uma conversa triangular significa que cada participante permanece focado apenas no líder e é por ele corrigido — os demais pontos de vista não se tornam produtivos pelo contato uns com os outros. Se a análise do ponto de vista não é conduzida com suficiente proveito pelo parceiro envolvido, o líder da conversação pode transpor soberanamente o limite factual das possibilidades e continuar a argumentação com um interlocutor imaginário. Tais interlocutores imaginários são, por exemplo, os ateus do décimo livro das *Leis*, Diótima no *Banquete* ou o hóspede anônimo de Sócrates em *Hípias maior*. Ademais, os dois últimos exemplos mostram como aos poucos Platão pode ampliar a seu bel-prazer o caráter "histórico" do líder da conversa.

A respeito de (5): A decisão de Platão de sempre deixar a condução num diálogo a apenas uma personagem ainda não tornaria imperativo dotá-la de uma vantagem tal sobre os outros que ela pudesse superá-los em qualquer situação. É tão difícil conciliar isso com as modernas noções de igualdade que simplesmente se negou que Platão tivesse desejado mostrar "Sócrates" como o vencedor absoluto no conflito de opiniões. Mais uma vez, é mais produtivo do que negar os dados perguntar qual conceito de filosofia se exprime nessa decisão dramatúrgica.

A respeito de (6) e (7): O significado de um ataque a um resultado alcançado, ao qual se segue um "auxílio" especificamente dirigido que confirma esse resultado num nível superior por instrumentos conceituais mais ambiciosos e argumentações mais penetrantes, ilumina-se apenas depois de uma consideração da crítica da escrita ao final do *Fedro*. Como esse texto fundamental, até agora, não se converteu no fio condutor de uma descrição da estrutura dos diálogos platônicos[6], a abrupta elevação do nível da argumentação, que alguns intérpretes ao menos notaram, jamais foi corretamente interpretada como expressão da exigência platônica de que o filósofo deve estar adiante de seu *logos*.

O condutor do diálogo platônico pode filosofar deliberadamente em vários níveis — o nível eleito por Sócrates dependerá do interlocutor, de suas necessidades e de sua capacidade de compreensão. Ele nunca passa a um nível superior sem algum motivo: a verdadeira filosofia não se oferece por si mesma aos interessados, mas quer ser procurada. Como isso não foi compreendido (preferiu-se pensar, em vez disso, num Sócrates supostamente importuno, que filosofa na rua com qualquer um), tampouco se compreendeu por que o autor limita propositalmente o movimento ascendente — as "passagens de retenção", como se mencionou, não foram nem corretamente descritas nem reconhecidas em sua função, que em última análise consiste em remeter, para além do escrito, à filosofia oral de Platão.

---

6. Em *PSP* (ver supra, nota 2) tentei reparar essa omissão nos estudos sobre Platão desde Scheiermacher (que pavimentou o caminho para essa forma de interpretação).

## VIII
# PARA QUEM ESCREVE PLATÃO?

Para nossa avaliação das características, seria de supremo valor poder dizer com segurança para que público Platão escreveu. Com essa questão, não estamos seguindo apenas o apelo àquela corrente da ciência literária denominada "estética da recepção" (que simplesmente dá continuidade ao velho objetivo da filologia clássica de apresentar as necessidades e expectativas do público originalmente visado como fator constituinte para a gênese e a forma da literatura). Ao contrário, as observações que fizemos até agora já nos levaram repetidamente à conclusão de que Platão era consciente da importância da recepção sempre variável dos conteúdos filosóficos. Essa consciência o levou a decidir-se por um círculo de leitores determinado?

Não há, por parte de Platão, nenhuma asserção unívoca sobre essa pergunta, e tampouco seria de esperar alguma em vista de sua decisão de dar à sua exposição a forma de uma dramatização contínua. Por isso dependemos das inferências do conteúdo e do tom dos diálogos.

No entanto, o quadro oferecido pelos diálogos não é, nesse sentido, de modo algum uniforme. Num extremo de uma ampla escala de possibilidades, está o pequeno diálogo *Críton*: com sua comovedora personificação das leis que exortam Sócrates a permanecer obediente a sua pátria, e com sua falta de argumentação mais ambiciosa, parece escrito primariamente para o leigo em filosofia, predisposto à lealdade. No outro extremo, poderíamos situar o *Timeu*: ele oferece não apenas uma profunda doutrina dos princípios da natureza, mas também, em sua segunda parte, resultados altamente especializados advindos de diversas disciplinas da ciência natural; é evidente que tal obra se baseia em sistemáticos trabalhos preparatórios e num aprofundado conhecimento da bibliografia especializada, sendo apropriadamente recebida, com máxima probabilidade, pelo especialista ou por interessados com formação prévia a respeito do tema. A renúncia à dialogação e também o estilo de expressão em parte intencionalmente obscuro exigem do leitor uma considerável capacidade de resistência. Perseverança e extrema perspicácia são igualmente as exigências da segunda parte do *Parmênides*, que de fato decorre em perguntas e respostas, mas renuncia conscientemente, pela rigorosa concentração na lógica dos conceitos abstratos "Uno" e "Múltiplo", à graça e à vivacidade, duas características comuns em Platão.

Essa segunda parte do *Parmênides* pode ser entendida como "exercício" (γυμνασία, *Parm*., 135 d 7), para o qual se elege como interlocutor do líder da conversa a mais jovem e menos complicada das pessoas presentes (137 b c). Jovens adeptos da filosofia também são os interlocutores dos últimos diálogos, como *Teeteto*, *Sofista* e *Filebo*, cujas discussões, em comparação com os primeiros diálogos, têm algo de profissionalmente escolar. O aspecto do exercício metódico também é sublinhado nessas obras (cf., por exemplo, *Político*, 285 c-287 a; μελέτη, "exercício", 286 b 1).

Desses destinatários das perguntas *dentro* do diálogo poderíamos inferir os destinatários dos próprios diálogos: estes seriam primariamente escritos para alunos da Academia, como introdução aos exercícios e como base para suas discussões. Em razão de sua iniciação na filosofia platônica, os discípulos estavam certamente em condição de resolver os enigmas e as aporias do texto e completar as fundamentações que faltavam. As referências dos diálogos para além de si mesmos poderiam se vincular a uma suposta disposição prática na moldura do ensino da filosofia na Academia, ou até mesmo ser explicadas por ela. Não se pode contestar que, com base nessa suposição, teríamos uma leitura judiciosa pelo menos das primeiras obras aporéticas[1].

Até este ponto, parece que temos de contar com três diferentes grupos de destinatários: os leigos, os que receberam uma formação científica e os discípulos de Platão na Academia. No entanto, seria arbitrário querer fazer uma distinção estrita entre esses grupos. Quem tivesse acabado de ingressar na Academia mal se distinguiria, por seu nível de educação, do "leigo" filosoficamente interessado; por outro lado, é de supor que, em face da intensidade com que os estudos científicos eram praticados na Academia, um "discípulo" talentoso já seria depois de um tempo relativamente breve um "especialista" nessa ou naquela disciplina. E não podemos esquecer: nenhum diálogo carece de interesse para os filosoficamente avançados, do mesmo modo que, inversamente, nenhum diálogo é tão inacessível[2] que não possa ser lido com proveito por um principiante.

No *Fedro*, Platão explica que o valor dos melhores escritos (que no conjunto não merecem grande consideração) consiste em sua função mnemônica para aquele que sabe (*Fedro*, 278 a 1); segundo ele, o filósofo escreve por diversão e para ter um meio de rememoração em sua velhice — para si mesmo e para os que seguem no seu caminho (276 d 1-4). Quem são as pessoas que seguem no mesmo caminho de Platão? Podemos restringi-las aos discípulos na Academia? Suponhamos que os diálogos de fato fossem, primariamente, "livros de exercícios para uso em

---

1. Cf. Reinhold MERKELBACH, *Platons Menon*, ed., trad. e coment. R. M., Frankfurt a.M., 1988, Introd., 3-10; Michael ERLER, *Der Sinn der Aporien in den Dialogen Platons*, Berlin/New York, 1987.

2. Talvez a única exceção seja a segunda parte do *Parmênides*.

aula" — concluiríamos daí que "não eram literatura pensada para um público amplo"?[3] Mas precisamente Platão sabia que um livro, uma vez escrito, pode circular a esmo entre os mais diferentes leitores (*Fedro*, 275 e) — ele deveria ter tomado medidas que impedissem a difusão de seus escritos se tivesse desejado evitar um público mais vasto. Nos escritos de Isócrates, temos todavia um testemunho contemporâneo de que as obras de Platão também eram lidas fora da Academia; e a ambiciosa forma literária de obras-mestras como *Fédon*, *O Banquete*, *Eutidemo* e *Fedro* torna quase certo que também foram escritas para um público com formação literária. Os aspectos políticos de obras como *Apologia*, *Mênon*, *Górgias* e *República* pouco se explicariam sob a suposição de que eram dirigidas tão-somente aos mais jovens entre os que tinham visões iguais. Por fim, convém lembrar a grande influência proselitista (protréptica) que emana de todas as obras iniciais e intermediárias de Platão e que também se pode perceber em várias partes das mais tardias: ela visa, sobretudo, às pessoas que estão fora e ainda não se voltaram para a filosofia.

Deduz-se de tudo isso que, apesar das diferentes exigências intelectuais de cada diálogo, o público cultivado constituía o público-alvo primário de Platão. Mas não se pode excluir com certeza nenhum grupo desse público amplo. Dito de maneira mais simples: Platão escreve para todos.

---

3. Cf. MERKELBACH, op. cit., 6.

## IX
# O DIÁLOGO DE PLATÃO FALA COM VÁRIAS VOZES? A TEORIA MODERNA DO DIÁLOGO

Como vimos, Platão sabia que um livro, uma vez publicado, poderia cair nas mãos de qualquer tipo de leitor. E sabia também, segundo comprova a discussão sobre um poema de Simônides no *Protágoras* (que mais adiante examinaremos com mais detalhes), que diferentes tipos de leitores tendem a extrair coisas diferentes de um mesmo texto. E ele escreveu, em todo caso na maior parte de sua obra, intencionalmente para todos.

Disso se segue que seu objetivo era dirigir-se com o mesmo texto e simultaneamente a diferentes leitores de maneira específica? Ele dispunha de uma técnica literária que lhe permitisse transmitir ao mesmo tempo, com o mesmo teor, uma coisa a um leitor e outra coisa a outro? E, se conhecia tal técnica, ele a utilizou para comunicar deliberadamente o mais essencial do que tinha a dizer de forma tal que um só tipo de leitor pudesse entendê-lo?

A questão que nos ocupa aqui se ilumina com inesperada clareza com reflexões que Ludwig Wittgenstein apresentou numa versão anterior do prefácio a suas *Observações filosóficas*[1]:

---

1. Ludwig WITTGENSTEIN, *Vermischte Bemerkungen. Eine Auswahl aus dem Nachlaß*, ed. Georg Henrik von Wright, colabor. Heikki Nyman, Frankfurt a.M., 1977, 23.

Se um livro é escrito apenas para poucos, isso é esclarecido pelo fato de somente poucos o compreenderem. O livro deve automaticamente produzir a separação entre os que o compreendem e os que não o compreendem. [...] Se você não quer que determinadas pessoas entrem num cômodo, ponha uma fechadura para a qual elas não tenham a chave. Mas é absurdo falar sobre o cômodo com elas, a não ser que queira que o admirem de fora! Por decência, ponha nas portas uma fechadura que atraia o olhar apenas do que possam abri-la e não atraia o dos demais.

Dessa maneira, Wittgenstein considera possível e ao mesmo tempo obrigatório que o autor dote seu texto de uma fechadura que, desde o princípio, seja vista apenas por determinados leitores, mas que possa então ser aberta por eles. Com essa "fechadura", Wittgenstein espera uma separação "automática" entre os leitores que compreendem o livro e os que não o compreendem.

Nessas reflexões, Wittgenstein não pensava em Platão de maneira nenhuma. Mas, quando as escreveu, já havia desde mais de cem anos uma teoria do diálogo platônico que atribuía a Platão a intenção de uma "automática separação" dos leitores por meio do livro e prometia mostrar e abrir a "fechadura" que ele havia posto diante de seus diálogos. Estou me referindo à teoria, já muitas vezes mencionada, inaugurada por Friedrich Schleiermacher, que também podemos chamar de "teoria moderna do diálogo platônico", visto que, em suas idéias principais, teve a mais ampla difusão nos séculos XIX e XX.

Segundo essa teoria, o próprio diálogo pode buscar seus leitores, porque é capaz de afastar automaticamente os leitores inapropriados. O diálogo também não diz sempre o mesmo, pois em cada releitura revela novos níveis de sentido e, dessa maneira, responde às perguntas do leitor apropriado. Nesse sentido, o diálogo platônico também pode defender-se contra ataques por si só, pois os ataques dos que não compreendem não alcançam em absoluto sua camada mais profunda de sentido, mas as dúvidas do leitor perspicaz são removidas por meio das "respostas" mais recentes. Segundo essa teoria, essas capacidades do livro-diálogo o convertem num texto "ativo", num "interlocutor" com o qual o leitor deve buscar a "conversação". Relembremos, para começar, que essas capacidades positivas do livro-diálogo "ativo" são obtidas pela negação das deficiências que Platão, no *Fedro*, atribui à escrita, à γραφή em geral. A escrita — diz Platão — diz sempre o mesmo, não pode responder a perguntas, nem escolher seus leitores por si mesma, nem tampouco defender-se contra ataques (*Fedro*, 275 d, e). Em nenhum lugar Platão diz que há ou poderia haver no futuro uma forma de exposição escrita que permitisse superar essas deficiências básicas da escrita. Apenas o filosofar *oral* não é afetado por essas deficiências: "aquele que sabe", na conversação viva, pode buscar ele mesmo o interlocutor apropriado; ele não responde sempre exatamente o mesmo às questões, e pode defender-se contra objeções (276 a, e).

A convicção da moderna teoria do diálogo segundo a qual o diálogo platônico escrito pode executar, no fundo, o mesmo que "o discurso vivo e animado [isto é, oral] daquele que sabe" (*Fedro*, 276 a 8), e segundo a qual Platão também o destinou a cobrir o mesmo campo de seu filosofar oral, não pode apoiar-se em nenhuma referência no texto platônico, nem no *Fedro*, nem em nenhum outro lugar. A concepção de que o diálogo é a única forma de escrita que transpõe seu caráter como livro[2] é um passo essencial para além de Platão, e cumpre examinar sua justificação no que se segue.

Antes de começar esse exame, faremos duas observações que podem caracterizar essa teoria.

(1) A moderna teoria da forma dialógica teve, desde o início, um objetivo antiesotérico, que ela conservou até os dias de hoje. Antes de Schleiermacher, W. G. Tennemann, em

---

2. Na formulação de Paul Friedländer: "O diálogo é a única forma de livro que parece superar o próprio livro" (*Platon*, I, ³1964, 177).

seu *System der platonischen Philosophie* (2 v., Leipzig, 1792-1795), havia defendido a tese de que Platão nunca tivera a intenção de expor integralmente sua filosofia na forma escrita. Contra essa concepção, Schleiermacher[3] elaborou a teoria do diálogo como uma forma de representação que é, em último termo, equivalente à conversa oral e que, portanto, tem a finalidade de veicular a filosofia de Platão completamente, se não numa comunicação direta, então numa indireta. Desde Schleiermacher, a "comunicação indireta" tem sido, em geral, considerada uma técnica literária que exclui o esoterismo. Também deveremos examinar sua legitimidade separadamente.

(2) Considerada essa tendência, pode-se designar a moderna teoria do diálogo como a "interpretação antiesotérica de Platão", e nesse sentido ela pode ser contraposta à "interpretação esotérica", que em nosso século foi representada especialmente por Léon Robin, Paul Wilpert, Hans Krämer e Konrad Gaiser. Infelizmente, essa contraposição induz a erro. Pois Schleiermacher absolutamente não descartou nem superou o esoterismo platônico, mas tão-somente — em conformidade com uma tendência geral do romantismo alemão — o interiorizou, o colocou no interior do receptor, ou, em suas próprias palavras, converteu-o numa "qualidade do leitor". Com efeito, Schleiermacher e seus seguidores compartilham com os "esotéricos" a visão de que Platão estava muito longe de oferecer a todo mundo, indisfarçadamente, tudo que lhe era importante. Eles apenas contestam que Platão tenha limitado intencionalmente a comunicação filosófica e asseguram que tudo que é essencial se encontra no escrito, somente velado pelas técnicas da comunicação indireta. Cabe ao leitor elevar-se à categoria de um "ver-

---

3. Na Introdução à sua tradução de Platão (v. I, 1, Berlin, 1804, 5-36).

dadeiro ouvinte do interior" (Schleiermacher) ou, segundo a metáfora de Wittgenstein, ver a "fechadura" e abri-la. O resultado é um ponto de vista que só pode ser corretamente caracterizado como "esoterismo imanente ao diálogo". A separação constituinte do esoterismo entre receptores "apropriados" e "não-apropriados", com a exclusão dos últimos, é também decisiva para essa posição, mas, de acordo com ela, a separação ocorre "automaticamente" por meio do livro.

Portanto, não temos de escolher entre uma interpretação "esotérica" e uma "antiesotérica" de Platão, mas sim entre duas formas de esoterismo: ao esoterismo imanente ao texto — que poderia ser chamado de esoterismo "hermenêutico" — se opõe o esoterismo que aponta para além do diálogo, ou esoterismo "histórico": ele se baseia na realidade histórica de uma doutrina de princípios jamais fixada por escrito — a doutrina dos princípios a que Aristóteles se dirige preferencialmente quando critica Platão na *Metafísica*.

Para poder decidir com fundamento entre essas duas posições, será necessário incluir antigas teorias do sentido múltiplo da escrita, rever a posição de Platão a respeito disso e, sobretudo, considerar mais de perto sua crítica da escrita (ver caps. 10 e 12). Mas as observações que fizemos até agora não nos deixam totalmente sem critérios nessa questão.

É digno de nota que a moderna teoria schleiermacheriana do diálogo ignore as passagens de retenção. Ela deve ignorá-las ou minimizá-las porque, por princípio, não se encaixam em seu projeto. Na metáfora wittgensteiniana do "cômodo" e da "fechadura" na "porta"[4], não é a alusão à existência de uma fechadura invisível para muitos que corresponderia às passagens de retenção platônica — portanto, não aquele comportamento que Wittgenstein rejeita explicitamente para sua pessoa — mas, antes,

---

4. Cf. a citação, p. 52.

a constatação de que há outros "cômodos" diante dos quais o leitor nem sequer se encontra. É de supor que Wittgenstein também teria rejeitado semelhante afirmação, pois ele parece acreditar que o único motivo para falar sobre limites da comunicação é o desejo do autor de que os leitores "admirem o cômodo a partir de fora"; por isso considera mais "decente" o emprego de uma fechadura que não atraia a atenção. Por causa da mesma convicção, alguns leitores também consideram qualquer esoterismo de algum modo ofensivo. No entanto, é muito fácil ver que ainda pode haver outros motivos além dos citados por Wittgenstein: Platão, por exemplo, certamente queria que o máximo de pessoas entrasse em seus "cômodos", até mesmo nos mais internos, mas não sem uma preparação apropriada. Em contrapartida, a admiração a partir de fora era-lhe totalmente indiferente. Nessa atitude, ele podia referir-se abertamente à existência de outros "cômodos", sem violar nem um pouco a "decência" wittgensteiniana.

Em segundo lugar, a moderna teoria do diálogo torna a comunicação (a comunicação *indireta*) das reflexões decisivas dependente das qualidades intelectuais do leitor, pois a descoberta de um sentido "verdadeiro", mais profundo, por trás de um texto ou de uma argumentação que para outros parecem superficiais e não-problemáticos é um trabalho de observação lingüística, de análise lógica, de memória e do dom de associação; em suma, é um trabalho do intelecto. Contudo, em nossa breve olhada na ação que constitui a moldura do *Cármides* (supra, p. 34), vimos que o emprego do medicamento de que Sócrates dispõe depende do "encantamento" prévio da alma de Cármides, o que aqui significa: depende de que ele esteja pronto para adquirir a virtude moral da "prudência" (σωφροσύνη). Do mesmo modo, vimos no *Górgias* que Cálicles não é excluído dos "grandes mistérios" por falta de inteligência, mas pela disposição moral de seu caráter. Por fim, na *República*, onde se exprime sobre as qualidades absolutamente fundamentais necessárias à "natureza filosófica", Platão dá às vantagens éticas a mesma ênfase dada às vantagens intelectuais (*República*, 485 b-487 a). Uma teoria da comunicação do "verdadeiro" que ignore totalmente essa condição merece ser observada com certa cautela.

# X
# UMA ANTIGA TEORIA DA INTERPRETAÇÃO

A idéia de que um texto pode falar com várias vozes, ou pelo menos com duas, absolutamente não é de origem moderna. Já na época de Platão ela não era mais nova; pelo menos o público aristocrático de um Teógnis (v. 681 s.) ou de um Píndaro (*Olímpicas*, 2.83-86) a conhecia havia muito[1]. Mas, a partir do século VI, ela ganhou importância especial para a exegese de Homero. Ao longo da época arcaica, as epopéias de Homero haviam alcançado valor de autoridade no mundo grego, não apenas como modelo estético, mas também como abrangente interpretação do mundo humano e do divino. Xenófanes, o poeta-filósofo, exprimiu isso na fórmula de que todos haviam "aprendido segundo Homero, desde o princípio"[2]. Xenófanes foi um dos mais influentes entre aqueles que se escandalizaram com a imagem antropomórfica do mundo dos deuses em Homero. Os bois forjariam imagens divinas em forma de boi se o pudessem, zombava ele, e os cavalos em forma de cavalo. Quanto ao comportamento desses deuses, Xenófanes achava que Homero e Hesíodo haviam lhes atribuído tudo o que suscitava vergonha e desgraça

---

1. Ver também infra, com nota 1 p. 174 s.
2. XENÓFANES, *DK* 21 B 10 (*Die Fragmente der Vorsokratiker*, I, ⁶1952, 131).

entre os homens[3]. Heráclito, outro crítico agudo da teologia tradicional dos poetas, chegou a dizer que era necessário excluir Homero dos festivais[4].

Mas havia muito a tradição era bastante forte para qualquer tentativa de desfazer-se dela; por outro lado, a nova crítica filosófica era muito plausível para deixar a tradição inalterada. Prevaleceu a convicção — testemunhada para nós primeiramente por Teágenes de Régio[5] no final do século VI — de que Homero, com suas histórias aparentemente cruas de traição, luta, ciúme e amor no mundo dos deuses, comunicava sabedorias mais profundas, inacessíveis a uma compreensão imediata. A interpretação alegórica de Homero logo se tornou um bem comum da educação grega e contribuiu essencialmente para que a posição de Homero como professor dos gregos não decaísse após a crítica dos primeiros filósofos, mas, pelo contrário, se fortalecesse. Nos séculos posteriores, tanto o estoicismo como o neoplatonismo contribuíram para o desenvolvimento desse método de exegese poética. E, como não se tratava de explicações individuais mas de um método global, não se pôde deixar de aplicá-lo a outros textos "teológicos". Eurípides oferece-nos um impressionante exemplo da interpretação do "sentido mais profundo" de um mito por um sacerdote: Tirésias, em *As Bacantes*, explica ao incrédulo Penteu o que "verdadeiramente" significa que Dionísio tenha nascido da coxa de Zeus (*As Bacantes*, 272 ss.). Uma exegese semelhante de um texto órfico, por um autor desconhecido, foi preservada num papiro encontrado numa tumba do século IV a.C.[6].

---

3. Xenófanes, *DK*, 21 B 15 e 11.
4. Heráclito, *DK*, 22 B 42.
5. Testemunhas em *DK*, 8 A 1-4; cf. G. Lanata, *Poetica Pre-Platonica*, Firenze, 1963, 104 ss.
6. O chamado Papiro de Derveni; texto reproduzido em *Zeitschrift für Papyrologie und Epigrafik* 4, 1982 (depois da página 300).

Isócrates atesta que esse método, primariamente um método de exegese poética, também encontrou aplicação nos textos de prosa. Na segunda parte do *Panatenaico* (12.240 ss.), Isócrates descreve como a comparação entre Atenas e Esparta, desenvolvida na primeira parte e que se revela absolutamente favorável a Atenas, é interpretada por um de seus alunos como se o elogio a Atenas fosse apenas a comunicação superficial para o leitor superficial, enquanto o leitor atento descobriria por trás dela, como opinião autêntica de Isócrates, uma oculta tomada de posição em favor de Esparta. O elogio a Atenas foi feito "não simplesmente" (οὐχ ἁπλῶς, 12.236), mas com a segunda intenção de testar se os alunos recordavam as visões do mestre anteriormente expressas e se haviam apreendido o discurso filosoficamente[7]. Poder escrever desse modo, ou seja, em "discursos de duplo sentido" (λόγοι ἀμφίβολοι) que podem ser interpretados de uma maneira e de outra e dão ensejo a controvérsias, é "belo e filosófico" (12.240, καλὸν καὶ φιλόσοφον). É surpreendente que Isócrates não tome posição a respeito dessa teoria da escrita em dois planos, nem a respeito da interpretação segundo a qual sua crítica a Esparta significava o contrário[8].

---

7. Isócrates, 12, 236: "Tu me pareces ter convocado nosso círculo e elogiado nossa cidade não sem segunda intenção ("não simplesmente") e não como tu nos dissestes, mas com o propósito de nos testar se nos esforçamos em nossa educação ("se filosofamos") e se recordamos o que dissemos em nossas discussões, e se somos capazes de reconhecer de que maneira o discurso é composto" (... δοκεῖς δέ μοι ποιήσασθαι τήν τε παράκλησιν τὴν ἡμετέραν καὶ τὸν ἔπαινον τὸν τῆς πόλεως οὐχ ἁπλῶς, οὐδ' ὡς διείλεξαι πρὸς ἡμᾶς, ἀλλ' ἡμῶν μὲν πεῖραν λαβεῖν βουλόμενος, εἰ φιλοσοφοῦμεν καὶ μεμνήμεθα τῶν ἐν ταῖς διατριβαῖς λεγομένων καὶ συνιδεῖν δυνηθεῖμεν ἂν ὅν τρόπον ὁ λόγος τυγχάνει γεγραμμένος,...). Cf. *PSP* 360 com nota 42; M. ERLER, Hilfe und Hintensinn. Isokrates' Panathenaikos und die Schriftkritik im Phaidros, in L. ROSSETTI (ed.), *Understanding the Phaedrus Proceedings of the II Symposium Platonicum*, St. Agustin, 1992, 122-137.

8. Isócrates 12.265: "... quanto ao restante do que ele relatara, eu não disse nada — nem que havia apreendido minha intenção com seu sentido oculto, nem que a havia perdido, mas o deixei no estado em que ele próprio

E o que Platão pensa dessa teoria da interpretação e do "discurso em enigmas" (αἰνίττεσθαι), em que o leitor deve ater-se a um secreto "sentido oculto" (ὑπόνοια)?

Naturalmente ele sabe que uma idéia filosófica pode ser entendida num nível superior ou inferior. No *Cármides*, faz Sócrates interpretar intencionalmente de maneira superficial e errônea o conceito "fazer o que nos concerne" (τὰ αὑτοῦ πράττειν), não para refutar a definição "prudência é fazer o que nos concerne", mas para finalmente estabelecer que prudência não pode ser "fazer o que nos concerne" *no sentido* em que ele primeiramente tentou compreendê-lo; o autor da definição exprimiu um "enigma" e não disse o que tinha em mente (*Cármides*, 161 c d, 162 a). Mas Sócrates não diz em que outro sentido esse conceito poderia ser sensatamente empregado, e isso pode ser entendido como exortação de Platão ao leitor para que ele mesmo busque esse sentido.

No entanto, Platão, ao contrário do aluno de Isócrates no *Panatenaico*, em nenhum lugar caracteriza como "belo e filosófico" o escrever em *logoi* de duplo sentido. A meta da comunicação do conhecimento é "clareza e certeza (ou solidez)" do conhecimento (*Fedro*, 275 c 6 σαφὲς καὶ βέβαιον, 277 b 8-9 βεβαιότητα καὶ σαφήνειαν, cf. 278 a 4-5 τὸ ἐναργὲς καὶ τέλεον). Essa meta só pode ser alcançada por meio do *logos* vivo da oralidade, mas, como Platão entende o *logos* escrito como imagem (εἴδωλον) do oral (*Fedro*, 276 a 8-9), a escrita também deve, em último termo, visar à mesma meta, ainda que jamais a possa alcançar (tal como as cópias, as coisas sensíveis, aspiram à perfeição de seus modelos originais, as Idéias, que elas contudo nunca alcançam: *Fédon*, 75 a b). A opinião de que a ambigüidade intencional poderia elevar a clareza e a estabilidade do co-

---

se havia metido" (... περὶ δὲ τῶν ἄλλων οὐδὲν ἐφθεγξάμην ἄν εἶπεν, οὔθ' ὡς ἔτυχεν ταῖς ὑπονοίαις τῆς ἐμῆς διανοίας, οὔθ' ὡς διήμαρτεν, ἀλλ' εἴων οὗτὸν οὕτως ἔχειν ὥσπερ αὐτὸς αὑτὸν διέθηκεν).

nhecimento pretendido não é, com toda certeza, platônica. A comunicação "simbólica" de verdades mais profundas sobre os deuses, em forma mitológico-poética, é rechaçada por Platão para seu futuro Estado ideal, porque o ouvinte não pode distinguir com segurança o "sentido oculto" (ὑπόνοια) do que é dito diretamente (*República* II, 378 d). Ainda que isso se refira inicialmente ao *jovem* receptor, o problema permanece o mesmo quando se expõem "enigmas" proporcionalmente mais difíceis ao ouvinte ou leitor avançado. Assim, logo no começo da *República*, Platão leva uma discussão sobre um discurso de Simônides, em que Sócrates suspeita de um "enigma"[9], a um resultado absurdo e à confusão do interlocutor (*República* I, 331 d-336 a). Além disso, é preciso lembrar o uso fortemente irônico que Platão faz do método da interpretação etimológica latente dos nomes dos deuses no *Crátilo* (400 d ss.), e também sua depreciação geral da interpretação alegórica dos mitos no *Fedro* (229 c-230 a) como pose intelectual supérflua.

O evidente menosprezo de Platão em relação a uma exegese poética dirigida a sentidos latentes e sua recusa em transferir esse método explicitamente a textos filosóficos em prosa, ou até mesmo em declarar-se partidário da escrita de duplo sentido como uma aptidão filosófica, também tornam bastante improvável (cf. supra, p. 55 e 56) que uma técnica literária correspondente pudesse ter desempenhado um papel central para ele.

---

9. *República* I, 332 b 9, ἠνίξατο ἄρα... ὁ Σιμωνίδης.

# XI
# A INTERPRETAÇÃO DE SIMÔNIDES NO *PROTÁGORAS*

É também de grande interesse para nosso tema o fato de Platão, na parte intermediária do *Protágoras* (338 e-347 a), dramatizar — com grande engenhosidade e em busca do essencial — a tentativa de avançar numa questão filosófica pela interpretação de um texto. Mostra-se ali como dois intérpretes de extraordinária competência, Protágoras e Sócrates, chegam a concepções contrárias na interpretação do mesmo poema.

Protágoras vê a capacidade de interpretar apropriadamente a literatura como a parte mais importante da educação em geral (338 c) e, por isso, deseja interrogar Sócrates especificamente sobre essa matéria. Ele lembra um poema de Simônides que Sócrates, como este lhe assegura, conhece bem e considera bom. Segundo Protágoras, Simônides se contradiz num espaço de poucas linhas, dizendo primeiro que é difícil tornar-se um homem virtuoso e, pouco depois, repreendendo Pítaco pela declaração de que é difícil ser um homem nobre — como pode ser "bom" um poema que apresenta tal contradição (339 b-d)?

Sócrates, por sua inicial apreciação positiva do poema, está comprometido a "ajudar" o poeta e, com isso, também a si mesmo (βοηθεῖν τῷ ἀνδρί, 340 a 1, cf. 341 c 8-9), ou seja, a justificar o poema e seu julgamento sobre ele. Para tanto, Platão o faz apelar a uma metodologia de interpretação espantosamente avançada: ele faz observações sobre o uso lingüístico de Simônides, serve-se da abordagem sinonímica de Pródico, isto é, da teoria semântica mais moderna do momento; mais ou menos ele reconstrói o horizonte histórico-intelectual ao mencionar pressupostos ocultos do poema; ele desvela que a verdadeira intenção de Simônides é corrigir Pítaco.

No entanto, apesar de todo o aparato metodológico e do grau de reflexão, dificilmente se pode considerar a interpretação de Sócrates correta em todos os pontos. Em dois pontos essenciais, "Sócrates" introduz sua destreza, ou melhor, a de Platão, na interpretação e, com isso, ultrapassa essencialmente a intenção de Simônides ou passa ao largo dela: em primeiro lugar, ele remove a contradição afirmada por Protágoras, distinguindo *tornar-se* bom, o que seria possível por um curto espaço de tempo, de *ser* bom, o que não é possível ao homem por longo tempo — com isso, Simônides, um poeta não-metafísico do fim da época arcaica, é carregado com a distinção ontológica de Platão entre *devir* e *ser* e, ao mesmo tempo, com a concepção platônica de filosofia, segundo a qual o homem pode, sob o estímulo do pensamento, atingir sua meta por um curto espaço de tempo, mas lhe é impossível manter-se nessa meta durante um longo período[1]. Em segundo lugar, Sócrates reencontra em Simônides o fundamento básico de sua ética: a virtude é sabedoria. A implementação de ambas as defesas exige certa violência, da qual Platão também parece estar consciente.

É como se Platão, com essa primeira interpretação literária detalhada na história intelectual européia, quisesse dizer: toda

---

1. Cf. Karl ALBERT, *Über Platons Begriff der Philosophie*, St. Augustin, 1989. Albert desenvolve o conceito de filosofia de Platão a partir sobretudo do *Banquete* e do *Fedro*, sem abordar a interpretação anterior, já antecipada no *Protágoras*. Ver também infra, p. 181 s.

interpretação é necessariamente má interpretação, pelo menos parcialmente. Nem uma metodologia avançada, nem as extraordinárias aptidões intelectuais do intérprete podem mudar alguma coisa enquanto não se pode eliminar a causa. Mas a causa consiste no fato de o intérprete introduzir necessariamente seu próprio ponto de vista.

Como conseqüência lógica, Sócrates a seguir desvaloriza radicalmente a tentativa inteira de alcançar uma interpretação certa da mensagem do poema. Ele compara a permanência em opiniões "alheias" com o comportamento de participantes incultos num simpósio que se entretêm com a voz de uma flautista contratada. Assim como os participantes de um simpósio que se respeitam não necessitam nem de flautistas nem de dançarinas, mas entretêm-se com contribuições próprias, os interlocutores atualmente reunidos também devem deixar de lado as visões dos poetas e voltar-se diretamente para as coisas (347 c-348 a). Além disso, não se pode interrogar os poetas sobre aquilo que falam; e as análises contraditórias do sentido pretendido não são verificáveis[2].

Platão, portanto, contrasta nitidamente a interpretação de um texto à fala e ao pensamento pessoais, orientados pelas coisas mesmas (pela "verdade", 348 a 5). Essa contraposição entre o falar com voz "estranha" ou "própria" não depende naturalmente do fato de o texto aqui tratado proceder de um *poeta* (e não de um filósofo). Isso significa que para Platão todo "falar com voz alheia", isto é, toda interpretação, é de importância secundária. E ainda uma segunda deficiência não é peculiar apenas ao texto *poético*: o autor, por não estar presente no local, não pode ser interrogado pessoalmente, e as suposições sobre o que ele quis dizer permanecem conseqüentemente fora de controle.

---

2. Protágoras, 347 e 3-7: ... οὕς (sc. τοὺς ποιητάς) οὔτε ἀνερέσθαι οἷόν τ' ἐστὶν περὶ ὧν λέγουσιν, ἐπαγόμενοί τε αὐτοὺς οἱ πολλοὶ ἐν τοῖς λόγοις οἱ μὲν ταυτά φασιν τὸν ποιητὴν νοεῖν, οἱ δ' ἕτερα, περὶ πράγματος διαλεγόμενοι ὅ ἀδυνατοῦσι ἐξελέγξαι...

Ambos os pontos da crítica afastam do uso de textos e conduzem ao filosofar oral, que tem em vista as coisas mesmas e induz as próprias vozes dos participantes a falar. No fim do diálogo *Fedro*, Platão tematiza de modo fundamental essa contraposição entre o caráter mediato de todo escrito e a imediatez do filosofar oral.

## XII
# A CRÍTICA DA ESCRITA NO *FEDRO*

Nas últimas páginas do *Fedro* (274 b-278 e), num parágrafo que ficou célebre como "crítica da escrita", Platão discute o valor da escrita em geral e a posição do filósofo em relação a seus escritos em particular. Visto que a unidade de pensamento do *Fedro* não é muito fácil de apreender, essa seção foi com demasiada freqüência tratada isoladamente do contexto geral do diálogo, e nem sequer se indagou sobre uma relação concreta entre suas afirmações e o arranjo dos demais diálogos. No entanto, é de decisiva importância compreender a crítica da escrita como o ponto culminante do *Fedro*, pois somente com essa compreensão ela se torna a chave para compreender a estrutura do diálogo platônico em geral.

O *Fedro* inicia com uma comparação entre "discursos" (λόγοι): o jovem Fedro lê um elaborado discurso de Lísias, que ele admira (230 e-234 c), e Sócrates opõe a ele dois discursos improvisados (237 b-241 d, 243 e-257 b) sobre o mesmo tema, a saber, o do amor. Nessa comparação não se trata apenas da perfeição formal mas, sobretudo e desde o início, de saber quem tem o melhor ponto de vista acerca da natureza das coisas tratadas. No interior dos discursos, trata-se da questão de determinar quem pode ser o amante certo de um jovem, se o admirador apaixonado ou o não-apaixonado; como Sócrates, em seu segundo discurso, apresenta Eros como a verdadeira força motriz da filosofia, a pergunta pelo verdadeiro amante transforma-se na pergunta pelo verdadeiro filósofo.

Essas linhas iniciadas na primeira parte são agora reunidas na crítica da escrita de tal forma que as condições a ser satisfeitas para que um discurso possa superar o outro são mencionadas em termos gerais, com o resultado de que, com a descrição dessas condições, se elucidam ao mesmo tempo o saber necessário ao filósofo e sua relação com seus escritos.

Com o termo "discurso", λόγος, Platão entende tanto o discurso falado, preparado ou improvisado, em forma de monólogo ou diálogo, como sua "cópia" escrita. Ele busca, portanto, critérios que valham para ambos, para o que é falado e para o que é escrito. Mas não há nenhuma dúvida de que para ele a comunicação oral viva tem primazia, e de que o discurso falado é o âmbito pelo qual se deve medir o escrito.

A categoria de um *logos* depende de ser feito ou não "de acordo com a arte". Uma arte *filosófica* do discurso não somente pressupõe o domínio das prescrições da retórica corrente para a composição formal (as quais têm realmente importância apenas como preliminares, 266 d-260 c), mas também se baseia em duas habilidades bem mais exigentes e abrangentes: o conhecimento da essência das coisas de que trata o discurso e o conhecimento da natureza das almas a que o discurso pretende se dirigir (277 b c). Nem o conhecimento filosófico das coisas mesmas, nem o conhecimento das almas podem ser adquiridos pela empiria, tampouco pela inteligência devida ao bom senso, mas tão-somente pela diligente investigação da filosofia das Idéias que Platão designa como "dialética"[1] e entende como

---

1. *Fedro*, 276 e 5 διαλεκτικὴ τέχνη; cf. f διαλεκτικός.

"grande rodeio" ao qual no diálogo se pode apenas aludir, mas não percorrer[2].

Contra o pano de fundo dessa definição de uma arte retórica "verdadeira", ou seja, fundada na filosofia, Platão desenvolve na crítica da escrita a especial pergunta pela "conveniência" (ευπρέπεια, 274 b 6) do uso da escrita. Não se trata portanto primariamente do que a escrita "é capaz" ou "não é capaz"; essa questão é discutida apenas no âmbito da pergunta diretriz, cujo objeto é determinar como o homem que quer ser "agradável aos deuses" (cf. 274 b 9) — o filósofo, portanto — *deve* usar a escrita. ("Divino" é para Platão o reino das Idéias — cf., por exemplo, *República* 611 e 2; *Fédon*, 80 a 3; o discurso e a ação "agradáveis aos deuses" são, por conseqüência, a meta do filósofo das Idéias: *Fedro*, 273 e.)

Sócrates introduz primeiro um mito do deus egípcio Thoth, que era identificado com Hermes na *interpretatio graeca* e considerado o inventor da escrita. O recurso à forma de pensar mítica a respeito do "primeiro inventor" (ο πρῶτος εὑρετής) mostra que Platão tem em vista a escrita em seu mais fundamental aspecto, pois, no pensamento mítico, a essência inalienável das coisas foi estabelecida em sua criação arcaica. Então o deus Thoth levou a escrita juntamente com outras descobertas ao rei Thamus e a exaltou como um meio de tornar os egípcios "mais sábios e mais fortes de memória" (σοφωτέρους καὶ μνημονικωτέρους, 274 e 5).

Thoth representa, portanto, a ilusão de que é possível adquirir sabedoria e discernimento pela escrita, ou seja, "externamente, por meio de sinais estranhos [à alma]". Thamus estilhaça por completo essa ilusão. A escrita não favorece, mas prejudica a memória, isto é, a capacidade da alma de ir buscar coisas em seu próprio interior; ela é apenas um meio para se lembrar. O indivíduo não se torna sábio pela escrita, mas apenas sucum-

---
2. Cf. *Fedro*, 274 a, 246 a — duas passagens de retenção típicas.

be à ilusão de sabedoria pela leitura reiterada "sem ensinamento" (ἄνευ διδαχῆς, 275 a 7). Somente a διδαχή, o ensinamento no intercurso pessoal, pode transmitir um saber claro e confiável (274 e-275 c).

Se Platão tivesse compartilhado a crença da moderna teoria do diálogo (e do discípulo de Isócrates no *Panatenaico*), segundo a qual a escrita, apesar de tudo, está em condição de transmitir conhecimentos claros e confiáveis, mesmo que para apenas poucos eleitos capazes de compreender os sutis indícios de um modo de expressão que usa duplos sentidos, esse seria o lugar para ele exprimir essa convicção. Em vez disso, Platão, nas páginas seguintes, insiste nas deficiências básicas da escrita, inerentes à sua essência. Mas o que é inerente à natureza de uma coisa não pode ser eliminado por um uso mais ou menos habilidoso dessa coisa. Psicologicamente, é compreensível que desde Schleiermacher os partidários modernos de Thoth, o deus com fé na virtude dos livros, tenham sentido a necessidade de reverter o juízo de Platão afirmando que escrever em enigmas e alusões terá no leitor perspicaz o desejado efeito de clareza e solidez do conhecimento. Devemos entretanto, com serenidade e sem intenção polêmica, dizer que se trata aqui de uma complementação metodologicamente inadmissível das asserções do texto, e, de fato, uma complementação que leva ao oposto do que Platão queria.

Platão chega à delimitação sistemática do oral em relação ao escrito primeiramente por meio de um rol de características do *logos* oral que faltam ao escrito, e depois por uma notável comparação. Comecemos pela última.

Para compreender a comparação entre o comportamento de um agricultor inteligente e o de um filósofo ou "dialético" (*Fedro*, 276 b-277 a), é preciso conhecer o significado dos "jardins de Adônis", dos quais nossa passagem é a referência mais antiga. Depois da colheita no verão, era costume separar uma pequena parte das sementes, semeá-las em tigelas chatas ou cestos, mantê-las no escuro e aguá-las de tal forma que os grãos, já depois de pouco tempo, na canícula, brotassem exuberantemente. As tigelas e cestos verdejantes eram então expostos ao calor do sol, onde as plantas murchavam rapidamente sem haver produzido nenhum grão. Entre lamentos rituais dirigidos a Adônis, as mulheres jogavam esses murchos "jardins de Adônis" no mar ou em fontes.

O significado desse estranho costume foi desvendado apenas recentemente, por Gerhard J. Baudy. Trata-se de um costume agrário, de uma semente-teste, também conhecido sob outras formas, cujo objetivo é controlar a vitalidade das novas sementes[3]. Mas não devemos nos preocupar com esse aspecto do rito, nem tampouco com sua relação com o mito de Adônis, pois Platão, que pressupõe o conhecimento do assunto pelo leitor, não escolheu esses aspectos como *tertium comparationis*.

Em vez disso, ele argumenta que um agricultor inteligente não plantaria seriamente nos "jardins de Adônis" os grãos dos quais ele esperasse um produto, para se deleitar em ver o belo crescimento das plantas em oito dias; no máximo, ele o faria para se divertir por ocasião do festival de Adônis; por força de seu conhecimento da arte da agricultura, ele plantará em solo apropriado (não em tigelas de argila) as sementes a respeito das quais tem séria intenção e ficará contente quando amadurecerem depois de oito meses (276 b). O "dialético" lidará com sua semente de maneira igualmente sensata: não a semeará seriamente nos jardins de Adônis da escrita com *logoi* que não podem se socorrer a si mesmos nem ensinar a verdade satisfatoriamente. Ele semeará os jardins da escrita apenas para se divertir, quando por exemplo "contar histórias" (μυθολογεῖν, 276 e 3 — para esclarecimento dessa expressão, ver infra, p. 77 ss.) sobre a justiça e temas relacionados. Mas reservará sua seriedade ao

---

3. Gerhard J. BAUDY, *Adonisgärten. Studien zur antiken Samensymbolik*, Frankfurt a. M., 1986.

emprego da "arte da dialética", que ele pratica tomando uma "alma apropriada" e plantando nela *logoi* que podem auxiliar a si mesmos e ao plantador, *logoi* que não permanecem sem frutos (276 c-277 a).

Os aspectos do rito dos jardins de Adônis a que Platão recorre para sua comparação são, portanto, os seguintes:

(1) O aspecto do produto. a) Assim como no jardim de Adônis nunca pode haver um "produto" (καρπός) de "grãos de semente" (σπέρματα)[4], a escrita para Platão também é necessariamente infrutífera, improdutiva; o conhecimento e o entusiasmo transmitidos pela escrita podem ser comparados ao breve e ilusório rebento no jardim de Adônis, seguido pelo rápido fenecimento. b) Como o "produto" almejado pelo agricultor consiste em grãos (e não na "arte do cultivo", que guia a atividade de plantar, 276 b 6), o "produto" do dialético (λόγοι ἔχοντες σπέρμα, 277 a 1) deve também ser compreendido em termos de seu conteúdo, ou seja, deve consistir em conteúdos filosóficos (e não apenas, por exemplo, na transmissão da "arte da dialética" como uma faculdade sem conteúdos definidos).

(2) O aspecto da duração. O pequeno jardim de Adônis cresce em oito dias, enquanto o cultivo sério atinge sua meta em oito meses. Entendemos agora por que os "jardins da escrita" dos diálogos sempre enfatizam que a dialética é um "longo caminho" que ultrapassa bastante a extensão do que é oferecido ali na escrita[5]. O rápido processo do ensinamento, em si insuficiente (276 c 9), por meio da

---

4. Cf. ἔγκαρπα 276 b 2, ἄκαρποι 277 a 1; ἔχοντες σπέρμα 277 a 1, σπέρματα 276 b 2, c 5.
5. Cf., por exemplo, *República*, 534 a 7 πολλαπλασίων λόγων, 504 b 2 μακροτέρα περίοδος, 435 d 3 μακροτέρα ὁδός; *Fedro* 274 a 2 μακρὰ περίοδος, 246 a μακρὰ διήγησις; *Parmênides* 136 d 1-137 a 6, especialmente a 5 τοσούτων πέλαγος λόγων.

escrita jamais pode, para Platão, substituir adequadamente a dialética oral.
(3) O aspecto da escolha. a) Da mesma forma que o agricultor inteligente semeia em "solo apropriado" (276 b 7), o dialético também deve buscar "uma alma apropriada" (276 e 6) para sua semente filosófica. Como a escrita não pode por si mesma escolher o leitor, ela não entra em consideração para o semear filosófico que se efetua "por meio da arte da dialética" (e 5). b) De modo nenhum o agricultor inteligente semeará todas as suas sementes nos jardins de Adônis —impossibilitaria assim qualquer produção e deixaria de ser um agricultor *sensato*. Do mesmo modo, o dialético semeará nos jardins da escrita apenas uma parte de suas "sementes" e reterá precisamente aquelas das quais espera um produto (276 c 3-9, com b 2-3). Nessa passagem, a oposição entre "diversão" e "sério" se sobrepõe à comparação entre a prática do agricultor e a do dialético, de modo que muitos intérpretes supõem erroneamente que Platão tinha em vista a oposição entre um autor que semeia seriamente a *totalidade* de suas sementes na escrita e outro que também semeia todas as suas sementes na escrita, mas somente por diversão. Essa interpretação, no entanto, implica negligenciar a comparação fundamental: para os gregos, semear no jardim de Adônis significava sempre semear apenas uma parte das sementes. Só caímos na falsa via exegética porque o rito não nos é mais familiar e porque nós, como pessoas do livresco século XX, temos preconceitos irracionais contra a posição esotérica de Platão. Ele jamais pensou em confiar sua inteira filosofia à escrita.

A razão por que o dialético adotará uma atitude de reserva em seu trato com a escrita emana de suas deficiências básicas, que Platão enumerou antes da comparação:

(1) O livro fala para todos, tanto para os que têm conhecimento como para os que não sabem o que fazer com seu conteúdo; ele não pode escolher seu leitor, nem se calar diante de determinados leitores (275 e 2-3). A escolha pessoal do interlocutor segundo sua aptidão e a possibilidade de também se calar se necessário são, para Platão, vantagens decisivas do filosofar oral (276 a 6-7, e 6).

(2) O livro diz sempre o mesmo. Isso se evidencia quando o ouvinte ou leitor tem uma pergunta sobre o que se disse no livro: a única "resposta" é a repetição da letra do texto já conhecida. Para Platão, isso parece tão distante da verdadeira comunicação que, nesse aspecto, ele equipara a escrita às figuras sem vida da pintura (275 d 4-9).

(3) O livro não pode se defender se injustamente depreciado; ele sempre necessita do auxílio do autor (275 e 3-5). O vivo discurso oral "daquele que sabe", isto é, do dialético, pode fazer precisamente isto: ajudar-se. O dialético também pode transmitir para a "alma apropriada", ou seja, para o aluno aberto à filosofia, a faculdade de prestar ajuda ao *logos* e a seu autor (276 e 5-277 a 3).

Aqui também há que se repetir com toda firmeza o que observamos no caso da seção sobre Thoth (supra, p. 71): se Platão, no sentido da moderna teoria do diálogo, tivesse acreditado que o *logos* escrito dos diálogos não fala para todos na medida em que sabe se dirigir especificamente para as pessoas apropriadas, que ele não diz sempre o mesmo na medida em que dá respostas diferentes para diferentes leitores, de acordo com seu estágio de desenvolvimento, e que ele de algum modo sabe ajudar a si mesmo, esse seria o lugar para exprimir isso impreterivelmente. Mas falta no texto qualquer indicação de que um dia uma forma do uso da escrita, seja uma já conhecida, seja uma futura[6], poderia cumprir adequadamente as tarefas do *logos* oral. Por certo, não se trata de concluir daí que Platão desconhecia a "comunicação indireta" por meio de insinuações e alusões que o próprio leitor deveria preencher de sentido[7]; mas se segue disso que a "comunicação indireta" não pode ter desempenhado, para sua concepção do valor e da função da escrita, o papel decisivo que Schleiermacher e seus incontáveis seguidores nos séculos XIX e XX lhe atribuíram. Tampouco é difícil ver por que pode ter sido esse o caso: a arte dos alusivos "discursos com duplo sentido" (λόγοι ἀμφίβολοι) pode cumprir as tarefas do discurso oral apenas num sentido metafórico, como mostraremos de maneira mais detalhada adiante (p. 171 s.). Mas a escolha do interlocutor, o silêncio diante de pessoas inapropriadas e o auxílio por meio de novos argumentos não são metáforas para Platão, devendo ser literalmente entendidas como as condições básicas da comunicação do conhecimento filosófico.

Como os *logoi* escritos não podem produzir os efeitos citados, o valor dos melhores entre eles se reduz, para Platão, à mera função de auxiliares da memória para os que sabem (εἰδότων ὑπόμνησιν, 278 a 1; cf. ὑπομνήματα θησαυριζόμενος, 276 d 3). A escrita pode, de fato, ser um auxiliar da memória de muitas maneiras, mas Platão infelizmente não especificou em qual maneira ele pensava primordialmente. Por isso, recentemente se propôs entender os diálogos aporéticos como tais auxiliares da memória: os alunos de Platão na Academia seriam então "os que sabem", capazes, por causa de certos conheci-

---

6. Com a menção do futuro, Platão pode se referir a si mesmo, sem fazer "Sócrates" cometer um anacronismo. Foi correto, nesse sentido, relacionar a Platão o "grande homem" futuro de que trata *Cármides* 169 a. Do mesmo modo, ele poderia ter esboçado no *Fedro* um emprego "futuro" da escrita no sentido da moderna teoria do diálogo. Mas justamente isso estava longe de sua intenção.

7. Cf. mais adiante, p. 147 s., a respeito da "abertura" dos *logoi* socráticos.

mentos prévios, de resolver os exercícios constituídos pelas aporias[8]. É possível que Platão também tivesse tal coisa em mente. É preciso apenas lembrar que os diálogos construtivos, que estão de longe entre os "melhores escritos" de Platão, não podem ser auxiliares da memória, em todo caso não nesse sentido. Além disso, é duvidoso se Platão teria classificado como "os que sabem" (nas outras passagens do *Fedro*, a expressão significa inequivocamente o dialético) alunos que ainda deveriam ser testados com tais exercícios escritos. E até se poderia perguntar se um aluno que, por exemplo, conhecia a doutrina da anamnese — ainda que apenas na forma em que existe no *Mênon* — teria realmente necessidade das aporias como as do *Eutidemo* como exercício.

Seja como for, Platão diz em 276 d 3 que o filósofo propicia auxílios mnemônicos não apenas para os que têm a mesma visão, mas também para si mesmo, se ele chegar à velhice que é dada ao esquecimento. Certamente não se pode contar com os diálogos aporéticos para essa finalidade. A ênfase na função da recordação nos faz pensar hoje sobretudo em obras como *Timeu* e *Leis*, ricas em detalhes das ciências naturais ou jurídicas e históricas. Não podemos dizer com certeza até que ponto isso se estende aos escritos "hipomnemáticos" no sentido estrito — por exemplo, coletâneas de materiais para os mais diversos domínios do saber, incluindo as diéreses e as definições[9].

Todavia, não esqueçamos que propiciar auxiliares da memória não é a única razão de ser dos escritos do filósofo — Platão menciona também o "divertimento", cujo êxito traz ale-

---

[8]. Cf. supra, p. 48 s., com nota 1.

[9]. Também se tentou vincular os "auxílios mnemônicos" (ὑπομνήματα) à teoria da reminiscência (da anamnese): Ch. L. GRISWOLD, *Self-Knowledge in Plato's Phaedrus*, New Haven, 1986. Se com isso se quer dizer que os sinais da escrita podem levar as almas diretamente à recordação das Idéias contempladas no outro mundo, tal interpretação evidentemente corresponderia muito pouco ao sentido da crítica da escrita.

gria ao autor (276 d 4-8). Não há por que não atribuir essa palavra a Platão pessoalmente, especialmente porque ele, pouco depois, insere uma alusão bastante clara a seu próprio "divertimento" "mítico", isto é, que consiste em narrar histórias acerca do conceito de justiça na *República*[10]. Platão desfrutou a composição dramática e psicagógica de conversas filosóficas como um jogo espirituoso que lhe dava prazer. Os diálogos também devem sua existência, e não em pouco grau, ao instinto artístico para o jogo que esse genial escritor possuía.

---

10. 276 e 1-3: "Que magnífico divertimento, Sócrates, que tu opões a um de menor valor: o divertimento de um homem que se compraz com discursos, narrando histórias sobre a justiça e outras coisas que mencionaste". Como a *República* designa a si mesma como um μυθολογεῖν (*mythologein*; 376 d; 501 e), não pode haver dúvida de que Platão está se referindo à sua obra mesma (assim já W. LUTHER, Die Schwäche des geschriebenen Logos, *Gymnasium* 68 [1961], 536 s.).

# XIII
# A DEFINIÇÃO DO FILÓSOFO COM BASE EM SUA RELAÇÃO COM SEUS ESCRITOS

As reflexões de Platão a respeito do valor relativo dos *logoi* orais e escritos desembocam numa mensagem que Sócrates passa a Fedro para que ele a transmita a Lísias — mas, além de a Lísias, a mensagem também se dirige a Homero e a Sólon. Esses três nomes não se referem a indivíduos, mas representam áreas inteiras da literatura: Homero representa a poesia como um todo (278 c 2-3); Lísias, a prosa não-filosófica; Sólon, a filosofia, particularmente a ético-legislativa. Ao mesmo tempo, os três nomes remetem a três épocas da história intelectual grega e devem, sem dúvida, representar de forma simbólica a totalidade da tradição literária dos gregos. É, portanto, a essa tradição inteira que "Sócrates" manda dizer que se um autor compôs suas obras

"sabendo em que consiste a verdade, sendo capaz de [lhes] prestar ajuda quando entrar numa discussão para justificar o que escreveu, e capaz, por sua tomada de posição oral ["falando ele próprio", λέγων αὐτός], de mostrar a inferioridade [φαῦλα] do escrito, tal autor não deve ser designado por um termo retirado dessas [das obras], mas daquilo a que ele dirige sua séria atenção".
Fedro: "E que designação lhes pretendes dar?"
Sócrates: "A designação de 'sábio', Fedro, parece-me que é excessiva e que se aplica apenas a um deus; mas 'amigo da sabedoria'

[φιλόσοφος] ou qualquer nome análogo lhe caberia melhor e lhe seria mais apropriado".
Fedro: "E de modo nenhum inexato."
Sócrates: "Quem, por outro lado, não possui nada mais valioso [τὸν μὴ ἔχοντα τιμιώτερα] do que aquilo que compôs e escreveu passando longo tempo a rever, tirando uma coisa aqui e acrescentando outra acolá — a esse homem não chamarás acertadamente de poeta, autor de discursos ou redator de leis?"
Fedro: "Sem dúvida!" (*Fedro*, 278 c 4-e 3).

Aqui Platão separa a totalidade de autores em dois grupos bastante desiguais. Um grupo, sem dúvida a maioria, pode ser chamado, segundo seu respectivo produto literário, o grupo dos poetas, escritores de discurso ou escritores de leis. O outro grupo recebe um nome que não apenas o separa de Deus, mas também o une a ele — pois somente no nome *philosophos* há uma ressonância da qualidade distintiva de Deus, ser *sábio* (*sophos*). O *philosophos* deve essa maior proximidade com Deus a seu "saber": aquele "que sabe em que consiste a verdade" (ὁ εἰδὼς ᾗ τὸ ἀληθὲς ἔχει, 278 c 4-5) não é outro senão o dialético que detém o saber do justo, do belo e do bem (276 c 3) e faz uso da arte da dialética, isto é, o pensador que reconhece a verdade das coisas no sentido da doutrina das Idéias (cf. também f; e quanto a isso 273 d-274 a).

É a esse conhecimento das Idéias que o *philosophos* deve uma superioridade sobre seus escritos, que o distingue só a ele: ele está em condição de prestar auxílio a seus escritos quando entra no processo de exame e "refutação" (ἔλεγχος) e pode aqui, por meio da demonstração oral, provar a inferioridade do que escreveu (δυνατὸς τὰ γεγραμμένα φαῦλα ἀποδεῖξαι, 278 c 6-7). Ao outro grupo dos autores não-filosóficos pertence quem "não possui nada mais valioso do que aquilo que compôs e escreveu passando longo tempo a rever, tirando uma coisa aqui e acrescentando outra acolá" (278 d 8-e 1).

O filósofo pode, portanto, prestar ajuda a seus escritos oralmente, por meio de melhores argumentações — de que outro modo ele também poderia provar que seus escritos são de valor inferior? O que é correto em termos de conteúdo pode, apesar disso, ser dito "de maneira ruim" (φαύλως) — a saber, no momento em que faltar a argumentação suficiente (cf. *República*, 449 c 4-8). Platão agora designa essas argumentações melhores como "mais valiosas" ao resumir com a expressão τὸν μὴ ἔχοντα τιμιώτερα (278 d 8) o que falta ao não-filósofo: o conhecimento das Idéias e conseqüentemente a capacidade de "prestar auxílio" e de indicar o valor inferior do escrito. Dessa expressão negativa, que constitui a antítese da "pessoa que sabe" (278 c 4), conclui-se que para Platão o ἔχειν τιμώτερα, ou seja, a posse de algo mais valioso do que seus escritos, é uma característica positiva do dialético.

Essa definição do filósofo a partir de sua relação com seus escritos tem, pois, implicações que merecem ser examinadas.

Uma possibilidade é a de que um autor tenha apenas algumas vezes "coisas mais valiosas" que seus escritos, mas outras vezes não. Então, algumas vezes ele poderá "prestar auxílio" a seus escritos e evidenciar sua inferioridade, mas outras vezes não. Conseqüentemente, algumas vezes ele merecerá o nome *philosophos*, outras vezes não. — Contra essa possibilidade, entretanto, fala o fato de que a diferença entre o filósofo e o não-filósofo é para Platão absolutamente fundamental. Tornar-se filósofo significa experimentar uma "transformação da alma" (ψυχῆς περιαγωγή, *República*, 521 c 6; cf. 518 d 4) que modifica a vida toda. O que constitui o filósofo é uma atitude totalmente diferente diante da realidade — somente ele é capaz de conhecer as Idéias. Em todas as partes em que Platão evoca o conceito *philosophos*, ele se refere a essa reorientação ontológica (cf. *Fédon*, 101 c; *Banquete*, 204 b ss. [Eros como *philosophos*]; *República* 474 d ss.; *Fedro*, 249 c; *Teeteto*, 172 c-177 c; *Timeu*, 53 d) É portanto totalmente improvável que aqui, na crítica da escrita, Platão pudesse fazer o nome *philosophos* depender de uma disposição variável¹. Com efeito, no texto nada indica que um autor que hoje é digno do nome *philosophos* pudesse, pouco depois, ser rebaixado à categoria dos poetas ou dos escritores de discurso.

Segue-se pois que o *philosophos*, no sentido de Platão, dispõe *sempre* de *timiotera*. Surgem aqui novamente duas possibilidades: uma é a de que ele registrou tudo o que tem para dizer e pode avançar ilimitadamente com novas argumentações. Mas, nesse caso, o resultado, para Platão, seria a argumentação ser um regresso infinito que nunca chega a um fim. Como se sabe, entretanto, a concepção platônica de filosofia se baseia na posição contrária: a dialética conduz a um ἀνυπόθετον, a um princípio não-hipotético de todas as coisas, ou, dito de outra maneira, há para o dialético um "fim da viagem" (τέλος τῆς πορείας, *República*, 532 e 3). E outro fato se opõe a essa possibilidade: o dialético não estaria se comportando como o lavrador inteligente, que jamais semeará em seus jardins de Adônis todas as suas sementes.

Resta, portanto, somente a possibilidade almejada tanto pela comparação com o agricultor (276 b c) como pela ênfase posta na faculdade de silenciar-se quando necessário (276 a 7). Somente se aceitarmos que o autor platônico deve realmente se portar como o agricultor inteligente poderemos interpretar sem contradição a definição do filósofo na crítica da escrita: apenas se o filósofo conscientemente mantém suas últimas argumentações fora dos jardins de Adônis da escrita podemos estar se-

---

1. Uma passagem em Aristóteles parece relevante aqui. O fim da ética é a felicidade; mas esta deve ser algo duradouro, deve portanto basear-se nas qualidades e faculdades humanas mais duradouras, isto é, na posse de virtudes e conhecimentos (*EN* 1100 a 32-b 22). Se se quisesse fazer a felicidade depender das vicissitudes do destino, o homem feliz (εὐδαίμων) seria convertido "numa espécie de camaleão" (1100 b 6). Ao εὐδαίμων aristotélico e à sua θεωρία corresponde em Platão o φιλόσοφος, para o qual a διαλεκτικὴ τέχνη propicia a *eudemonia* que é possível para os humanos (*Fedro*, 276 e 5-277 a 4): ele também não é camaleão.

guros de que ele está fundamentalmente em condição de deixar para trás seus escritos por "coisas mais valiosas"; somente sob essa condição podemos nos despedir da visão definitivamente não-platônica segundo a qual a qualidade de ser filósofo será num momento atribuída a um autor e, no momento seguinte, lhe será negada, de acordo com o êxito incerto de um auxílio improvisado *ad hoc*; e será somente sob essa condição que um auxílio sempre disponível não precisará acabar no *regressus in infinitum* não-platônico.

## XIV
# O SIGNIFICADO DE τιμιώτερα

Em nossa interpretação da crítica da escrita, aplicamos a palavra *timiotera* a *conteúdos* filosóficos: com as "coisas de maior valor", Platão se refere a conceitos e teorias, proposições e suas fundamentações aos quais, em comparação com outras proposições e fundamentações, cabe uma importância filosófica maior. No entanto, como a expressão *timiotera* foi com freqüência mal compreendida (ver infra, p. 91 s.), é útil começarmos pela definição de seu significado a partir de seu contexto no diálogo *Fedro* e em outras passagens paralelas.

Na crítica da escrita, trata-se de que o *logos* oral do filósofo deve poder, por princípio, superar seu próprio *logos* escrito ao lhe prestar auxílio com melhores recursos conceituais. Mas a primeira parte do diálogo já trata da superação de um *logos* por outro (como se mencionou brevemente acima, p. 69): depois que Fedro leu um discurso de Lísias, fixado na forma escrita (230 e-234 c), fica claro na conversação com Sócrates como um discurso deve ser composto para superar o que foi oferecido primeiro (234 e-236 b). O novo discurso deve *oferecer* mais em termos de seu conteúdo, e não apenas quantitativamente, mas também em termos de sua importância filosófica: exigem-se não apenas "mais" conteúdos, mas também conteúdos "diferentes" e "melhores", os de "maior valor"¹. O leitor sabe, portanto, desde o início quais condições um *logos* superior deve satisfazer. De fato, os discursos de Sócrates sobre Eros preenchem inteiramente essas condições. Portanto, a crítica da escrita basicamente apenas exprime de maneira geral o que Platão demonstrou antes no curso do diálogo. A interpretação que opta por não entender os *timiotera* com base no conteúdo filosófico rompe uma importante conexão de pensamento claramente indicada pelo próprio Platão. E, para evitar qualquer obscuridade, Platão dá continuidade a essa conexão para além da crítica da escrita, até o epílogo do *Fedro*: aí, num *vaticinium ex eventu* facilmente decifrável, diz-se a propósito de Isócrates (que na juventude, tal como Lísias, compunha discursos jurídicos para os outros, mas depois trocou de profissão e se tornou um respeitado professor de retórica e autor de escritos políticos e de teorias educacionais) que ele superará Lísias e logo se voltará para "coisas maiores" (279 a 8). Também esta expressão pode-se imediatamente compreender como outro sinônimo de "coisas de maior valor"². Portanto, em todo o diálogo, estamos sempre lidando com o mesmo pensamento: a categoria filosófica do conteúdo decide a categoria de um *logos*. Por conseguinte, o fato de os *timiotera* aparecerem no auxílio oral do filósofo significa que ele irá expor, oralmente, coisas de maior importância filosófica do que em seus escritos.

Com base no uso lingüístico de Platão, não se poderia de modo nenhum esperar outro significado que não o relaciona-

---

1. *Fedro*, 235 b, 236 b: ἄλλα πλείω καὶ πλείονος ἄξια, o que é claramente um sinônimo de τιμιώτερα. Para a interpretação dessas passagens, cf. *PSP*, 28-30.
2. Isso, naturalmente, não significa que Isócrates seja desse modo declarado filósofo no sentido platônico: μείζω é, como τιμιώτερα e πλείονος ἄξια, uma expressão comparativa; o que Isócrates fazia no final de sua carreira era, por certo, "mais importante" do que aquilo com que havia começado, mas ainda estava muito longe dos τιμιώτερα do filósofo platônico.

do ao conteúdo. As "coisas mais importantes e de posição mais elevada (as mais valiosas)" (τὰ μέγιστα καὶ τιμιώτατα) são, segundo o *Político* (285 e 4), as entidades incorpóreas do mundo das Idéias; do mesmo modo, no *Fedro*, as idéias em seu conjunto são τίμια, isto é, "de (alta) categoria ou valor" (250 b 2). Num momento na *República*, distingue-se, dentro do mundo das Idéias, entre as "partes" de categoria superior e as de categoria inferior (τιμιώτερον/ ἀτιμότερον μέρος, 485 b 6).

Para Platão, a fonte última de "categoria" e "valor" é a idéia mesma do Bem[3] como princípio de tudo. Mas também o saber[4] participa da categoria do Bem, e isso naturalmente na medida em que se dirige à origem. Da categoria do saber participam os *logoi* que o expressam, pois, segundo *Timeu* 29 b, eles têm um parentesco com os objetos com que lidam. Em geral, o saber é de categoria superior à opinião correta (τιμιώτερον ἐπιστήμη ὀρθῆς δόξης, *Mênon*, 98 a 7), pois ele "amarra" com argumentos o que há de correto na opinião. A fundamentação última deve vir "do princípio de todas as coisas" (do ἀρχὴ πάντων); a ascensão rumo ao princípio ocorre por gradações: de hipótese para "hipótese superior (ἄνωθεν)" até o "não-hipotético" (ἀνυπόθετον, cf. *Fédon*, 101 d e; *República*, 511 b). A fundamentação que é, em geral, "de categoria alta" ou "de grande valor" deve, por sua parte, crescer em importância passo a passo, quando consegue ligar a intelecção a realidades que estão mais próximas do princípio, mais próximas no sentido das "coisas que se ligam ao princípio" (*República*, 511 b 8). "Possuir algo de maior valor" (ἔχειν τιμιώτερα) significa, portanto, para o dialético o mesmo que estar em condição de fundamentar de tal modo uma explicação dada que o "amarrar" por meio de argumentos escolha sempre um "ponto de ligação" que seja superior na série de hipóteses.

---

3 *República*, 509 a 4-5 μειζόνως τιμητέον τὴν τοῦ ἀγαθοῦ ἕξιν; 509 b 9-10 πρεσβείᾳ καὶ δυνάμει ὑπερέχοντος (sc. τοῦ ἀγαθοῦ) (πρεσβεία não significa outra coisa senão τιμῇ).

4. *República*, 508 e 2-509 a 4.

Do que foi dito também se deduz que o *logos* "de maior valor" ou "superior" deve ser também o mais científico, o mais rigoroso. Daí se compreende por que o dialético vê sua "atividade séria" no filosofar oral, e seu "divertimento" na composição escrita para um público necessariamente misto, sem formação científica. Em comparação com a esfera da oralidade, a palavra escrita é φαῦλον (*Fedro*, 278 c 7), o que aqui deve ser entendido no sentido bem atestado de "não-especializado, não-técnico".

Assinalemos de passagem que o emprego de *tímion* em Aristóteles e Teofrasto dá a impressão de que a palavra era na Antiga Academia um *terminus technicus* para a designação da categoria ontológica do princípio (da ἀρχή)[5]. A concepção platônica de que a categoria de um saber depende da categoria de seu objeto — e se sabe que essa concepção também está na base da doutrina das Idéias; cf. *República* 474 b-480 a — foi conservada por Aristóteles, como se vê, por exemplo, no início do *De anima*[6]:

> Se partimos do fato de que o saber pertence às coisas nobres e mais valiosas [τῶν καλῶν καί τιμίων], e uma forma do saber mais do que a outra, ou por sua exatidão ou porque se aplica a objetos melhores e mais admiráveis [βελτιόνων τε καὶ θαυμασιωτέρων], por ambas essas razões acertadamente colocaríamos o estudo da alma entre as coisas essenciais (402 a 1-4).

De tudo isso se conclui que nenhum membro da Antiga Academia nem do Perípato pode ter duvidado de que "as coisas de maior valor" (τιμιώτερα) platônicas se referem ao seu conteúdo filosófico e de que elas devem sua categoria à remissão das fundamentações à ἀρχή, que é a fonte de toda categoria e de todo valor.

---

5. Cf., por exemplo, Aristóteles, *Ética a Nicômaco*, 1101 b 11; 1102 a 4, a 20; 1141 a 20, b 3; 1178 a 1; *Metafísica*, 1026 a 21; 1074 b 21; *De partibus animalium*, 644 b 25; Teofrasto, *Metafísica*, 6 b 28; 7 b 14; 10 b 26; 11 a 23 (acerca de Espeusipo).

6. Similarmente *Metafísica*, 983 a 5-7; 1026 a 21; *De part. an.*, 644 b 32.

Um mal-entendido comum a respeito das "coisas de maior valor" nasce do fato de não se reconhecer as amplas conexões no interior do *Fedro*, de se negligenciar o uso lingüístico de Platão e de se tentar então, com esse horizonte reduzido, negar a relação com conteúdos filosóficos, afirmando que o que se tinha em vista era a atividade da discussão oral, em si preferível à escrita. O verdadeiro motivo por trás dessa negação da obviamente correta interpretação em termos de conteúdo é, sem dúvida, o preconceito antiesotérico do século XX: não se quer admitir que o dialético platônico pudesse, de propósito, deixar de lado conteúdos essenciais. (Os mesmos intérpretes também se negam então a admitir que há no *Fedro* duas indicações claras da retenção de importantes âmbitos: 246 a; 274 a).

Consideremos, brevemente, as conseqüências que surgiriam se essa interpretação fosse correta. Se faltasse a exigência de argumentos de maior significado em termos de conteúdo, a defesa oral do escrito por parte do filósofo não se desenrolaria de maneira distinta da que conhecemos em todos os campos possíveis e em nossa experiência cotidiana, isto é, continuar falando de um modo homogêneo e conciliador no mesmo nível de reflexão em que também se move o escrito que deve ser auxiliado. No entanto, um autor que recorrer a um auxílio desse tipo estará, como de costume, mais interessado em demonstrar a correção e a solidez de seus próprios escritos, ao passo que o dialético de Platão provará, mediante o auxílio oral, que seu escrito é precisamente de "valor inferior". Além disso, qualquer autor razoavelmente inteligente é capaz de prestar o auxílio habitual sem fundamentações de categoria superior em termos de conteúdo; mas isso significaria que seria digno do nome de *philosophos* qualquer um que não fosse totalmente desprovido de talento, ainda que nunca tivesse se ocupado da dialética das Idéias platônica. De fato, entre intérpretes mais recentes, alguns acreditam que Platão "oferece" aqui esse título a todos os autores possíveis, contanto que apenas empreguem uma "atitude reservada" em relação a seu próprio texto. Mas já vimos que "aquele que sabe", do qual fala a crítica da escrita (276 a 8, c 3-4; 278 a 1, c 4), só pode ser o conhecedor da filosofia platônica das Idéias e da dialética (cf. 276 e 5-6; 277 b 5-8). E, considerando a importância que a designação de *philosophos* tinha para Platão (cf. supra, p. 82 s.), é pouco conveniente uma solução que considere concebível que tal título possa, de súbito, caber facilmente a qualquer um. Além disso, essa solução foi concebida em flagrante desconhecimento do fato de que, em inúmeras passagens, os diálogos mostram, com suficiente clareza, como o "auxílio" oral do dialético se desenvolve, e de que eles nisso confirmam cabalmente a interpretação das "coisas de maior valor" em termos de conteúdo.

XV
# O "AUXÍLIO AOS *LOGOS*" NOS DIÁLOGOS

Como os diálogos são "imagens" dos discursos vivos daquele que sabe (cf. *Fedro*, 276 a), eles também podem fornecer uma imagem do que é característico da atividade *oral* do dialético, a saber, o "auxílio" a seu *logos*. O fato de o auxílio oral surgir dessa maneira na exposição escrita poderia, à primeira vista, parecer contraditório. Mas só haveria contradição se um diálogo escrito afirmasse que contém o "auxílio" de que ele mesmo precisa. Como se sabe, no entanto, ocorre o contrário: nas "passagens de retenção", os diálogos remetem a teoremas não comunicados aqui e agora, que seriam necessários para sua própria fundamentação, como "auxílio" portanto. O fato de que no diálogo platônico um *logos* escrito preste auxílio a um outro, igualmente escrito, é em si livre de contradição e totalmente não-problemático, contanto que o leitor saiba inequivocamente que o *logos* auxiliador naturalmente também precisa, como diálogo escrito, de um auxílio que ele não pode prestar a si mesmo. Em outras palavras: somente os estágios superiores de auxílio, que conduzem ao reconhecimento do princípio (da ἀρχή), não poderiam sem contradição ser confiados à escrita por Platão. Mas os diálogos platônicos obviamente não infringem essa condição.

A situação da βοήθεια, isto é, a situação em que um *logos* é exposto a um ataque e seu autor é intimado a lhe prestar auxílio, é o princípio estrutural central dos diálogos platônicos. Há casos em que o termo "prestar auxílio" (βοηθεῖν) é explicitamente empregado, e outros em que é substituído por uma expressão sinônima — mas a situação básica permanece a mesma. A pergunta é sempre idêntica: trata-se de saber se o autor do *logos* está em condição de auxiliar com meios de pensamento e argumentos novos e de maior peso, ou seja, com τιμιώτερα — se ele pode, então é um *philosophos*. O líder da conversa, que representa a figura do dialético, conserva-se sempre diante dessa tarefa; todos os demais falham — pois só o pensador das Idéias é de fato *philosophos*. Voltemo-nos agora para as provas[1].

## a) Três exemplos do "auxílio" platônico

(1) No *Fédon*, às objeções de Símias e Cebes contra a imortalidade da alma (84 c-88 b) segue-se inicialmente uma interrupção do diálogo narrado. Em Platão, algo assim tem sempre a função de acentuar fortemente o que vem a seguir. Equécrates, o ouvinte no diálogo que constitui o quadro da encenação, quer saber do narrador Fédon como Sócrates reagiu à crise na discussão provocada pelos amigos tebanos, se ele ficou contrariado ou "calmamente acudiu em socorro de seu *logos*" (πρᾴως ἐβοήθει τῷ λόγῳ; καὶ ἱκανῶς ἐβοηθησεν ἤ ἐνδεῶς, 88 d 9-e 3). Equécrates pergunta, portanto, pelos aspectos humano e argumentativo da reação de Sócrates. Fédon passa a relatar quão admiravelmente Sócrates se conduziu em ambos os aspectos. Sua βοηθεῖν τῷ λόγῳ foi capaz de satisfazer os críticos, fato que é comentado com aprovação numa segunda inter-

---

1. Para o esboço de situações de "auxílio" das duas seções seguintes, cf. as interpretações detalhadas dos diálogos em questão em PSP.

rupção do diálogo narrado, a qual naturalmente se destina a enfatizar mais a primeira (102 a). Para refutar a objeção de Cebes, Sócrates abandona provisoriamente (a partir de 96 a) o tema "alma" para expor uma teoria abrangente da causa da geração e da corrupção ("precisamos, com efeito, examinar a fundo a causa da geração e da corrupção", ὅλως γὰρ δεῖ περὶ γενέσεως καί φθορᾶς τὴν αἰτίαν διαπραγματεύεσθαι, 95 e 9-96 a 1); essa teoria conduz, como se sabe, à exposição da hipótese das Idéias (99 d ss.), a partir da qual o problema da alma pode ser discutido como um caso especial, subordinado, por assim dizer (105 b ss.).

Como características dessa seção da conversa podemos estabelecer as seguintes:

1. O bem-sucedido βοηθεῖν τῷ λόγῳ é realizado pelo líder da discussão (naturalmente não por Símias ou Cebes).
2. Para auxiliar seu primeiro *logos* (sobre a alma), Sócrates fala em primeiro lugar sobre outras coisas (sobre as idéias etc). Ele troca provisoriamente o tema (sem perder de vista o tema geral da "imortalidade").
3. Esse outro tema diz respeito a um teorema de maior alcance, que conduz para mais perto do conhecimento das primeiras causas. O procedimento por hipóteses prevê uma ascensão sucessiva até um ἱκανόν que deve evidentemente ser apreendido como ἀρχή (101 d e; cf. 107 b). Na medida em que o *logos* auxiliador possibilita um conhecimento mais amplo e mais bem fundamentado, é objetivamente justificado falar de uma teoria "de categoria superior".

(2) No segundo livro da *República*, ouvimos no início um ataque de Glauco e Adimanto contra a justiça, que Sócrates havia defendido com êxito contra Trasímaco no primeiro livro. Sócrates é desafiado a prestar auxí-

lio à justiça (e com isso naturalmente também a seu primeiro *logos* em favor da justiça), o que ele também reconhece ser seu dever. O termo βοηθεῖν aparece nesse contexto não menos de cinco vezes[2]. O "auxílio" que Sócrates presta à justiça abrange toda a linha de argumentação até o Livro X. Para adquirir uma teoria da justiça, ele troca o objeto imediato da conversação e fala do melhor Estado e da alma; e, para defender de novo sua concepção de Estado, fala da diferença entre idéia e coisa particular, da natureza e da educação dos filósofos, e, na moldura do último tema, fala do "supremo objeto de ensinamento" (μέγιστον μάθημα), a Idéia do Bem, que é o "princípio de todas as coisas". O "auxílio" à justiça é, portanto, uma ascensão escalonada[3] que, se não chega ao conhecimento da ἀρχή (cujo τί ἐστιν é deixado fora de consideração: 506 d e), conduz pelo menos à sua proximidade. O Bem em si é, em termos absolutos, a coisa de valor supremo (μειζόνως τιμητέον τὴν τοῦ ἀγαθοῦ ἕξιν, 509 a 4-5; cf. b 9), de modo que as exposições que visam a ele poderiam ser apropriadamente designadas como τιμιώτερα, em comparação com teorias e argumentos que visam a objetos inferiores.

(3) O auxílio do "Ateniense" à lei da impiedade nas *Leis* apresenta grande semelhança com a ajuda de Sócrates à justiça na *República*. A quase idêntica referência a um dever de "ajudar"[4], entendido religiosamente, já mostra

---

2. *República* II, 362 d 9; 368 b 4, b 7, c 1, c 5.
3. Cf. 445 c 5: ἐπειδὴ ἐνταῦθα ἀναβεβήκαμεν τοῦ λόγου.
4. *Leis*, X, 891 a 5-7 ~ *República* II, 368 b 7-c 1: "também me parece sacrílego ("impiedade") não vir em auxílio desse *logos*" ~ "tenho receio que seja sacrílego ("impiedade") que, atacando-se a justiça na minha presença, eu fraqueje e não a acuda" (οὐδὲ ὅσιον ἔμοιγε εἶναι φαίνεται τὸ μὴ οὐ βοηθεῖν τούτοις τοῖς λόγοις ~ δέδοικα γὰρ μὴ οὐδ᾽ ὅσιον ᾖ παραγενόμενον δικαιοσύνῃ κακηγορουμένῃ ἀπαγορεύειν καὶ μὴ βοηθεῖν).

suficientemente que as duas passagens têm a mesma intenção. O "Ateniense" antecipa a crítica pelos ateístas em relação à lei que ele acabou de formular. Essa lei, como todas as leis, será promulgada por escrito para os cidadãos do novo Estado cretense a ser fundado (891 a); no entanto, já na conversação oral com Clínias e Megilo, o autor tem prontos os argumentos com os quais, no devido tempo, o escrito será defendido. Não se tem em mente uma defesa jurídico-política, que naturalmente qualquer legislador, até mesmo o não-filósofo, deveria ter à disposição. Ao contrário, o líder da conversa hesita em começar com os ἐπαμύνοντες λόγοι[5], pois estes tornariam inevitável "sair do processo de legislação" (νομοθεσίας ἐκτὸς βαίνειν, 891 d 7). De fato, o Ateniense abandona, no curso de seu auxílio, o nível habitual e o tema desenvolvido até aqui e discute, para assegurar um fundamento para a lei da impiedade, o conceito de movimento, o automovimento da alma, a prioridade da alma com relação ao corpo, o papel do bem e do mal no cosmos e a condução do universo pelos deuses (891 b-899 c). Desse modo, as *Leis* (tal como a *República*) confirmam todas as características do auxílio que definimos no caso do *Fédon*. Além disso, esse texto expressa com exemplar clareza que a ajuda platônica não pode ser alcançada "de nenhuma outra maneira" (μηδαμῇ ἑτέρως) senão por um ἐκτός βαίνειν, ou seja, por uma mudança de tema (891 d 7-e 1), e que esse procedimento conduz para mais perto dos πρῶτα τῶν πάντων (891 c 2-3, com 5-6).

---

5. De modo semelhante ao acesso ao "auxílio" no segundo Livro da *República* (ver supra, p. 95 s., nota 2), há também aqui vários termos que exprimem o auxílio: 890 d 4: ἐπίκουρον γίγνεσθαι (cf *República*, 368 c 3: ἐπικουρεῖν), 891 a 5-7 (ver texto acima, p. 96, nota 4), 891 b 3-4: ἐπαμύνοντες λόγοι, b 4-6: νόμοις ... βοηθεῖν.

O "auxílio" platônico (βοήθεια) é, portanto, o método do líder do diálogo (o representante do tipo "dialético") de defender seu *logos* submetido à crítica abandonando provisoriamente o tema e avançando no caminho do conhecimento dos ἀρχαί, para oferecer em teoremas de "categoria superior" uma base sólida para seu *logos* original.

b) A sempre idêntica situação de βοήθεια

Como designações platônicas do auxílio, conhecemos, além de βοηθεῖν (αὐτῷ ou τῷ λόγῳ ou τοῖς λόγοις), ἀμύνειν/ἀμύνασθαι (cf. ἐπαμύνοντες λόγοι) e ἐπικουρεῖν ou ἐπίκουρον γίγνεσθαι. A conhecida aversão de Platão a uma terminologia fixa[6] faz esperar de antemão que ele, no plano lingüístico, tenha variado ainda mais esse conceito-chave de sua crítica da escrita. Para descobrir sinônimos, temos de partir da mesma e básica *situação*: um *logos* é formulado ("a alma é imortal"; "a justiça é melhor que a injustiça"), as primeiras fundamentações são propostas — mas o πατὴρ τοῦ λόγου cai no *elenchos*, ou seja, ele é desafiado a mostrar, remetendo seu *logos* aos mais profundos fundamentos, que é um φιλόσοφος.

É importante, segundo a indicação de *Fedro*, 278 c d, que *filósofos* e *não-filósofos* sejam medidos por esse tipo de *elenchos*. É de esperar, portanto, que nos diálogos tipos de pessoas totalmente diferentes se submetam ao *elenchos*, mas que apenas um tipo, o dialético, passe no teste. Além disso, é importante que o dialético possa transmitir a capacidade de prestar auxílio (*Fedro*, 276 e s) — precisamente por essa razão reconheceremos como não-filósofo um mestre incapaz disso.

Esse é o caso de Górgias, cujo discípulo Polo pretendeu "reedificar" o *logos* do mestre após a crítica de Sócrates (*Górgias*, 462 a 2). Ele fracassa, assim como Cálicles depois dele, porque

---
6. Cf. *Cármides*, 163 d; *Mênon*, 87 b c; *República*, 533 e *Político*, 261 e.

seu professor não é um φιλόσοφος no sentido platônico e, conseqüentemente, não pôde ensinar o ἐπανορθώσασθαι τὸν λόγον (= βοηθεῖν τῷ λόγῳ)[7].

Pouco menos óbvia, por estar recoberta de flagrante ironia, é a situação no *Hípias maior*. Sócrates quer tornar Hípias o mestre superior de quem quer aprender para, depois de sua pretensa derrota na discussão com um terceiro anônimo, "voltar à discussão para retomar o combate" (286, d 7, ἀναμαχούμενος τὸν λόγον).O que Hípias oferece para a retomada é, de fato, avaliado (ironicamente) por Sócrates como auxílio (ὅτι μοι δοκεῖς ... βοηθεῖν, 291 e 5). Na realidade, o terceiro anônimo é apenas uma máscara transparente para a voz interior de Sócrates (cf. especialmente 304 d), que é portanto também neste diálogo a pessoa que permanece vitoriosa, sobretudo porque recorre a temas mais amplos na digressão que se segue ao ataque de Hípias (300 b ss).

A mais aguda ironia também caracteriza a conversa mais breve com Hípias. Num "ataque" (κατηβολή, *Hípias menor* 372 e 1), Sócrates defende uma tese moralmente insustentável, da qual entretanto quer ser "curado" por Hípias. A exortação "não me recuses curar minha alma" (μὴ φθονήσῃς ἰάσασθαι τὴν ψυχήν μου, 372 e 6-7) não significa, no contexto da situação do diálogo, outra coisa senão "presta auxílio a teu *logos*" (βοήθησον τῷ σαυτοῦ λόγῳ), pois Hípias representou a visão eticamente correta — e, se ele pudesse fundamentá-la mais profundamente, também poderia curar Sócrates de seu "ataque"; mas Hípias não é um *philosophos*, e por isso não ocorrem nem a "cura", nem qualquer outro auxílio para o seu *logos*.

A elevação irônica do adversário vai ao extremo no *Eutidemo*. Ambos os praticantes da erística são chamados para "auxiliar"

---

7 Igualmente Protágoras (que para nós é um importante pensador) não era para Platão um *philosophos*, razão pela qual o diálogo, em seu conjunto, responde negativamente à crucial questão de saber se ele está em condição de auxiliar seu *logos* (εἰ οἷός τ' ἔσῃ τῷ σαυτοῦ λόγῳ βοηθεῖν, *Protágoras*, 341 d 8).

"como os Dióscoros" (293 a 2). Sua benéfica intervenção seria totalmente comparável à esperada "cura da alma" por Hípias. Como Sócrates sarcasticamente já elevou os erísticos ao nível dos auxiliadores Cástor e Pólux, ele não fala mais de "ajuda", mas de "salvação": δεόμενος τοῖν ξένοιν ... σῶσαι ἡμᾶς ... ἐκ τῆς τρικυμίας τοῦ λόγου (293 a 1-3, ~ δεόμενος βοηθῆσαι τῷ λόγῳ ἡμῶν)[8]. Pede-se, pois, aos erísticos que venham em auxílio de um logos *alheio*: isso também pertence à habilidade do dialético (na medida em que e até onde o logos que necessita de ajuda o permite), como mostram os diálogos *Crátilo* e *Teeteto*. Sócrates defende aqui, ainda durante algum tempo, a posição de Crátilo (que está presente) ou de Protágoras (que é representado por seu discípulo Teodoro); mas, caracteristicamente, ele mesmo deve assumir a tarefa de auxiliar os outros, e em última análise esse auxílio não vai muito longe: somente a posição baseada na filosofia das idéias é capaz de resistir a todo *elenchos*. O "auxílio", no sentido platônico, não é uma questão de versatilidade intelectual, mas do correto ponto de vista ontológico.

A idéia tornada cômica no *Hípias maior*, e segundo a qual o Sócrates inferior na discussão busca a instrução de um "mais sábio", é retomada por Platão no *Banquete,* mas dessa vez sem nenhuma intenção cômica. Sócrates, que supostamente se enredou nos mesmos erros que Agatão (*O Banquete*, 201), indagou a sábia Diótima para aprender algo sobre Eros. Dessa vez suas expectativas não o enganaram. Mas Diótima, a profetisa de Mantinéia, é, tal como o terceiro anônimo no *Hípias maior*, uma figura literária fictícia. Assim, portanto, é Sócrates que novamente dá continuidade à discussão. E é evidente que, em seu

---

8. No artigo Sokrates Spott über Geheimhaltung. Zum Bild des φιλόσοφος in Platons "Euthydemos", *Antike und Abendland* 26 (1980), 75-89, tentei interpretar as numerosas e surpreendentemente estreitas semelhanças entre a caricatura do filósofo no *Eutidemo* e a imagem do filósofo da crítica da escrita. A retenção do saber que Sócrates atribui ironicamente a Eutidemo, ele próprio a pratica, como mostram as alusões à doutrina da anamnese e ao conceito de dialética. Cf. mais adiante p. 125 ss. e p. 140 s.

discurso de Diótima, ele vai bem além da moldura da conversa sobre Eros com Agatão e trata coisas de maior importância filosófica, que levam a uma proximidade maior do conhecimento da ἀρχή.

Paremos por aqui com as situações paralelas e expressões sinônimas. Deve ter ficado claro que o conceito de βοηθεῖν τῷ λόγῳ designa o princípio estrutural do diálogo platônico, que consiste em elevar intencionalmente o nível de argumentação em direção de uma fundamentação última baseada na ἀρχή.

# XVI
# A ASCENSÃO AOS PRINCÍPIOS E A LIMITAÇÃO DA COMUNICAÇÃO FILOSÓFICA

Platão disse mais de uma vez que a ascensão a um princípio último, transcendente é a finalidade do sujeito cognoscente. Ele pode falar de uma ascensão de hipótese a hipótese até um "suficiente" (ἱκανόν, *Fédon*, 99 d-107 b), ou do conhecimento ascendente do belo a partir da observação de corpos belos, passando pelo conhecimento do moralmente belo até a contemplação do Belo em si (*Banquete*, 210 a ss.), ou pode falar da gradação das formas de conhecimento, a mais superior das quais, a νόησις, apreende o princípio de todas as coisas (*República*, 509 d-511 e)[1]. Em todo caso, o significado dessas passagens não foi mal compreendido por gerações anteriores, que viram na tendência à "ascensão" e à "superação" a essência do platonismo.

Bem mais raro foi ver que o movimento ascendente é o tema verdadeiro da mimese dramática nos diálogos. E, nas ocasiões em que os estudiosos notaram esse fato[2], acentuou-se quase

---
1. Nesse contexto, deve-se naturalmente também recordar a imagem mítica da ascensão do "carro das almas" ao "lugar supraceleste" (*Fedro*, 246 a ss.), ainda que aqui, entre os objetos da contemplação no mundo além (247 d e), nenhum deles sobressaía como princípio dos outros.
2. René SCHAERER (*La question platonicienne*, 1938, ²1969) e Paul FRIEDLÄNDER (*Platon*, 1928, ³1975) se encontram entre os intérpretes cujas observações abriram novos horizontes.

sempre a ascensão como tal e esqueceu-se de que os diálogos sempre mostram apenas uma parte do movimento ascendente e indicam com suficiente clareza a deliberada limitação do processo. Somente a correta compreensão da crítica da escrita permite compreender por que ambas as coisas remetem uma à outra — a ascensão e a limitação de sua reprodução na escrita, o "auxílio" por meio de "coisas de maior valor" e o "silenciar-se" quando necessário (o σιγᾶν πρὸς οὕς δεῖ). Os exemplos de "auxílio" platônico dados acima (p. 94 ss.) são exemplos não apenas do recurso às τιμιώτερα, mas também claramente de passagens de retenção.

Que as τιμιώτερα platônicas apontem, em última análise, na direção do conhecimento dos princípios é algo importante em vista do fato de que Aristóteles, na *Metafísica* e em outras obras, se refere a uma doutrina platônica dos princípios que não encontramos nessa forma nos diálogos. Essa discrepância conduziu, nos estudos platônicos, a uma confusão, no fundo, desnecessária. Não se estava disposto a reconhecer que Aristóteles, que vivera vinte anos na Academia de Platão, podia conhecer detalhes mais precisos sobre a teoria platônica dos princípios do que é possível ao platônico de hoje, na medida em que este se atém unicamente aos diálogos. Então se tentou minimizar a importância das asserções aristotélicas: uns quiseram limitar a doutrina dos princípios, que ficava cada vez mais clara em seus delineamentos, a uma fase determinada na vida de Platão, a saber, seus últimos anos — o velho Platão, por assim dizer, não teria tido tempo para escrever mais um diálogo sobre o tema. Outros acreditaram poder entender as declarações de Aristóteles como meras interpretações dele. A persistente incapacidade dos estudos platônicos de reconhecer uma verdadeira doutrina dos princípios de Platão deveu-se, entre outras coisas, ao fato de que não se tinha uma idéia clara das possíveis razões da retenção na exposição escrita.

Por que justamente a parte da filosofia que trata dos princípios deve ser protegida da divulgação escrita? Contra o pano de fundo da crítica da escrita, a resposta é simples: quanto mais complexo é o objeto, tanto maior é a probabilidade de uma depreciação injustificada por parte de pessoas incompreensivas, contra as quais o escrito, na ausência de seu autor, não pode se defender (cf. *Fedro*, 275 d e). Evidentemente, essa depreciação não era de todo indiferente a Platão — o que é absolutamente compreensível quando se considera que, para ele, o mundo das Idéias tinha um *status* "supraceleste" e "divino"[3]. Mais importante é talvez o fato de que para Platão é absurdo transmitir a alguém coisas para as quais ele não é qualificado ou não está suficientemente equipado. Ele chama tais conteúdos de ἀπόρρητα (*aprorrhêta*), "coisas que não se devem comunicar prematuramente", porque se são transmitidas prematuramente, isto é, antes que o receptor esteja maduro para elas, elas "nada esclarecem" (*Leis*, 968 e 4-5). Como a teoria dos princípios é a área mais rica em pressupostos no campo da filosofia, uma preparação suficiente para ela por meio da escrita, que certamente "é incapaz de ensinar suficientemente a verdade" (*Fedro*, 276 c 9), é excluída, e conseqüentemente sua fixação na forma escrita também seria apenas contraproducente.

Em vez de extrair dos diálogos essas noções simples, mas fundamentais, e aplicá-las a eles, os estudiosos temeram que se atribuísse a Platão uma "doutrina secreta"[4] e acreditaram poder livrá-lo dela apenas lhe negando uma teoria dos princípios. Ou construíram a dificuldade artificial de que, na suposição de uma teoria não-escrita dos princípios, seria preciso supor também que Platão tinha dois campos diferentes em sua filosofia,

---

3. Basta pensar no "lugar supraceleste" como lugar das Idéias (*Fedro*, 247 c ss.) ou também na "assimilação a Deus", que, no plano temático, equivale a uma assimilação à ordem do mundo das Idéias (*República*, 500 b-d).
4. Sobre a diferença entre "esoterismo" e "doutrina secreta", cf. mais adiante p. 179.

um para a atividade filosófica escrita e outro para a oral[5]. Essa objeção não compreende bem a relação entre oralidade e escrita em Platão: não se trata de dois diferentes campos de objetos, mas de um contínuo filosofar sobre os mesmos problemas com uma elevação gradual do nível argumentativo.

Essas duas intenções de se desembaraçar dos relatos de Aristóteles sobre "doutrinas não-escritas" em Platão estão condenadas ao fracasso. De um lado, não se pode demonstrar que esses relatos são meras interpretações[6] — pelo contrário: aqui, como em geral, Aristóteles distingue muito claramente entre o que disseram seus opositores e o que, segundo sua visão, se segue das hipóteses deles[7]. De outro, não se pode aceitar uma redução cronológica da doutrina dos princípios ao último período de Platão. Não é só na *República* que a educação dos reis-filósofos culmina na apreensão dialética da Idéia do Bem como o *arché* de todas as coisas (504 a ss., 532 e ss., 540 a); os diálogos compostos relativamente cedo, o *Cármides* e o *Lísis*, mostram essa idéia de ascensão que não pode ser interrompida antes de alcançar um primeiro, um *arché*: se queremos perscrutar a φιλία, devemos remontar até um "primeiro amado", um πρῶτον φίλον (*Lísis*, 219 c d); se queremos conhecer a prudência, aparece no horizonte da discussão a "ciência do bem e do mal"

---

5. Assim Gregory VLASTOS em *Gnomon* 35 (1963), 635 s.

6. Demonstrar isso foi o alvo da argumentação de Harold CHERNISS, *Aristotle's Criticism of Plato and the Academy*, Baltimore, 1944. O grande aristotélico W. D. ROSS, em *Plato's Theory of Ideas* (Oxford, 1951, p. 143), fez o seguinte julgamento a respeito da tentativa de Cherniss: "Aristóteles não foi o puro tolo que o prof. Cherniss quer fazer dele [...] Em nenhum momento penso que ele [Cherniss] tenha provado sua tese de que tudo o que Aristóteles diz de Platão que não possa ser verificado nos diálogos não passa de má compreensão ou deturpação".

7. Cf. minha contribuição Die Lückenhaftigkeit der akademischen Prinzipientheorien nach Aristoteles' Darstellung in Metaphysik M und N, in A. GRAESER (ed.), *Mathematik und Metaphysik bei Aristoteles, Akten des X. Symposium Aristotelicum (1984)*, Bern/Stuttgart, 1987, 45-67.

(*Cármides*, 174 b c)⁸. Precisamente nessa conversação sobre a prudência no *Cármides* encontramos (como se disse brevemente acima, p. 34) um transparente emprego metafórico do conceito de "remédio" (φάρμακον, *pharmakon*) e de "encantamento" (ἐπῳδή, *epôdê*), que nos pode fazer compreender a posição de Platão a respeito da comunicação escrita dos *archai*: Sócrates afirma ter um *pharmakon* para a enfermidade do jovem Cármides; no entanto, o *pharmakon* não é entregue porque só seria eficaz vinculado a um "encantamento" e inútil sem ele (155 e 8), e porque Sócrates jurou ao sacerdote trácio de quem havia recebido o "encantamento" e o *pharmakon* que jamais se deixaria convencer a aplicar o *pharmakon* sem o encantamento da alma do receptor (157 b 1-c 6). Não pode haver dúvida de que a metáfora do *pharmakon* contém uma declaração sobre a forma correta de comunicar o saber filosófico⁹. Platão dá a entender que "Sócrates", como o dialético, dispõe de reflexões que muito provavelmente seriam diretamente comunicáveis, mas que ele deliberadamente ainda não comunica porque não teriam utilidade para Cármides, enquanto este não tivesse recebido a correta preparação para compreender o "remédio" em forma de "encantamentos" propedêuticos. O *pharmakon* representa, portanto, princípios centrais da ciência dialética do bem e do mal; princípios que podem ser formulados — não se trata aqui de modo algum do indizível na filosofia — e que conseqüentemente também podem ser formulados e difundidos na escrita. O que impede Sócrates de efetuar a transmissão é um "juramento" que fez a seu mestre trácio — há, portanto, para o dialético uma obrigação, que ele considera tão forte quanto um juramento religioso, de transmitir suas "coisas de maior valor"

---

8. Sobre a idéia de ascensão e sobre o conceito de uma ciência do bem e do mal que tudo determina, cf. *PSP* 127-150, esp. 145-148; para a noção de *arché* no *Lísis*, *PSP* 122 s., como também G. REALE, *Per una nuova interpretazione di Platone*, Milão, ¹⁰1991, 456-459.

9. Cf. *PSP*, 141-148.

apenas quando estiverem presentes as condições cognitivas e éticas para uma recepção apropriada. Mas a escrita, como sabemos, jamais pode criar essas condições.

O que o *Cármides*, obra do primeiro período, comunica por meio de metáforas é expresso textualmente pelo diálogo *Timeu*, do último período, a saber: precisamente os princípios não são comunicáveis a todo mundo. Sem dúvida, a figura mítica do "demiurgo" é, na moldura da cosmologia do *Timeu*, o nome de um princípio da ordem do universo. Encontrar esse criador e pai do cosmos é difícil, diz Platão, mas, uma vez encontrado, é impossível comunicá-lo a todos (*Timeu*, 28 c 3-5). Segundo outra passagem, são os "princípios ainda mais altos" (αἱ δ' ἔτι τούτων ἀρχαὶ ἄνωθεν) que são conhecidos (apenas) por Deus e, entre os homens, por aquele que é amigo de Deus, e por essa razão ficam fora da exposição (53 d 6-7).

Essa constatação vem no *Timeu* após a introdução dos triângulos elementares como elementos ou "princípios" dos corpos perceptíveis (52 c d). Nós, leitores dos diálogos, não podemos especificar por uma regra geral quais são os princípios que podem ser comunicados "a todos", isto é, por escrito, e quais são aqueles para os quais isso é inapropriado. O exemplo dado nos propicia uma pequena visão de como Platão remonta o mundo dos sentidos a princípios inteligíveis; aqui se estabelece o limite do comunicável depois do primeiro passo da redução que conduziu ao campo dos objetos geométricos (graças a Aristóteles, podemos afirmar com segurança que "os princípios ainda mais altos", para além dos triângulos elementares, se referem aos números)[10]. Não podemos dizer se para o próprio Platão essa fronteira estava fixada de uma vez por todas — é mais provável

---

10. Das inúmeras passagens aristotélicas que atestam a prioridade ontológica dos números em relação às figuras geométricas, é de especial importância o fragmento 2 Ross, do Περί τἀγαθοῦ, que Alexandre de Afrodisia conservou em seu comentário da *Metafísica* (55.20-26 Hayduck). Cf. também Konrad Gaiser, *Platons ungeschriebene Lehre*, Stuttgart, ²1968, 148, 372, nota 125.

que se tratasse, para ele, de uma questão de estimar quantas de suas sementes ele queria semear num "jardim de Adônis" e que, ao escrever, ele fixasse os limites para cada diálogo. Plutarco já havia observado que Platão, em sua velhice, era mais propenso a nomear expressamente os princípios que tinha em mente (*De Iside et Osiride*, 48, 370 F). Deveríamos, contudo, acrescentar que o pensamento fundamental — de que há coisas cuja comunicação escrita não deve ocorrer porque, comunicadas prematuramente, nada esclarecem e por isso são "inúteis" — permanece inalterado desde a metáfora do remédio no *Cármides* até o livro XII das *Leis*, em que finalmente se cunha o significativo conceito de ἀπρόρρητα (*aprorrhêta*, 968 e).

# XVII
# ALGUMAS PASSAGENS DE RETENÇÃO

Também permanece inalterado o fato de não podermos, a partir de alusões ao que está ausente, deduzir com suficiente clareza em que consiste o conteúdo do material ausente. Nunca poderíamos descobrir o que devem ser "os princípios ainda mais altos" para além dos triângulos elementares se nos limitássemos unicamente a essa alusão no *Timeu* (53 d). Neste caso, como já se mencionou, são apenas os testemunhos aristotélicos sobre doutrinas não-escritas de Platão que fornecem a clareza necessária[1]. O mesmo se aplica à famosa passagem de retenção na *República* (506 d e) em que Sócrates deixa inequivocamente claro a seu interlocutor Glauco que a essência (ὁ τί ἐστιν) do Bem não pode ser discutida por se tratar de um tema que ultrapassa a estrutura do diálogo em curso. Por certo, ninguém menos do que Hans-Georg Gadamer afirmou que a definição de essência pretendida aqui, a saber, que o Bem é o Um, se encontra "também implicitamente na estrutura da *República*"[2]; mas, se alguém

---

1. Cf. acima, p. 108, nota 10. Na verdade, uma passagem de *Leis* 894 também parece aludir ao mesmo teorema, mas essa passagem necessita, ela mesma, do esclarecimento oriundo da tradição indireta. Cf. também infra, p. 131 s.

2. Hans-Georg GADAMER, *Die Idee des Guten zwischen Plato und Aristoteles*, 1978 (SB der Heilderberg Akad. Wiss.), 82.

quisesse concluir que bastaria compreender a estrutura da *República* para ver o que era o τί ἐστιν não-comunicado do Bem, seria vítima de um círculo vicioso: pois, na realidade, só podemos extrair a equação Um = Bem "indiretamente" também da estrutura da *República* porque encontramos a informação direta de Aristóteles de que, na Academia, se equiparava o Um em si ao Bem em si, mas que se considerava o Um a essência (οὐσία) da coisa (*Metafísica*, N 4, 1091 b 13-15).

Portanto, nas passagens de retenção que se referem à teoria dos princípios da filosofia oral de Platão, somente poderemos apreender o sentido da referência se a tradição extraplatônica nos fornecer a chave para isso.

Felizmente, há outro tipo de passagem de retenção. Ele tem em comum com o primeiro o fato de também não representar um enigma que poderia ser resolvido por uma reflexão aguda e uma observação minuciosa da letra do texto enigmático; pelo contrário, aqui também é impossível reconstruir o que falta em termos de conteúdo sem informação adicional proveniente de uma instância fora da obra em questão. Todavia, diferentemente do primeiro tipo, aqui a informação necessária para completar o significado é encontrada em outras obras de Platão. O valor desses trechos consiste em oferecerem uma confirmação autenticamente platônica de nossa interpretação das passagens de retenção: por meio deles podemos, a partir do interior da própria obra platônica e sem recurso às "doutrinas não-escritas" atestadas apenas indiretamente, verificar e provar que as passagens de retenção platônicas não são apenas promessas vagas, mas se referem muito concretamente a teoremas de contornos nítidos, e que não são primariamente enigmas solucionáveis a partir de dentro do texto, mas apontam diretamente para resultados filosóficos apresentados em outro lugar.

Várias dessas passagens de retenção dizem respeito à doutrina da alma. Mais uma vez, isso não é de surpreender se consideramos a importância que a teoria da alma tem para a ontologia, a epistemologia, a cosmologia e a ética em Platão. No *Fedro*, Platão declara explicitamente que não é possível um conhecimento da natureza da alma sem o conhecimento da natureza do universo (270 c). A isso corresponde o fato de o personagem dialógico que oferece os dados mais claros sobre a natureza da alma, Timeu de Locri, ser descrito como o mais perito nas questões da natureza do universo (*Timeu*, 27 a), e de ele efetivamente, no curso de sua exposição, estabelecer a mais estreita relação entre cosmologia e doutrina da alma. Como o rico pano de fundo filosófico da teoria da alma não pôde ser desenvolvido toda vez, e como as fundamentações últimas de qualquer forma tocariam o reino dos ἀρχαί (*archai*) não-comunicáveis a todos, não é difícil explicar o número relativo alto de passagens de retenção nesse contexto.

No grande mito sobre o Eros no *Fedro*, depois de provar a imortalidade da alma com base em seu automovimento, Platão passa a falar sobre sua forma (246 a). Afirma que expor qual é sua natureza implicaria uma explanação longa e inteiramente divina e que, por isso, apenas será dito aí, numa explanação mais breve e humana, a quem ela se assemelha (246 a 4-6).

Da oposição entre explanações "divina" e "humana", acreditou-se que se devia concluir que a humana mais breve é tudo o que, por princípio, é acessível aos homens. No entanto, o conhecimento característico dos "deuses" não é, em Platão, vedado *a priori* ao homem — pelo contrário, quando realiza a mais superior de suas capacidades, o homem se converte em *philosophos* porque, pelo conhecimento das Idéias, aproxima-se de Deus, que é *sophos*. Por isso também se diz no *Timeu* que o conhecimento dos *archai*, que distingue a divindade, é acessível entre os homens àquele que Deus ama (53 d); de modo semelhante, afirma-se no *Fedro* que a alma do filósofo, por meio da anamnese, permanece tanto quanto possível constantemente no mundo das Idéias, cujo conhecimento confere a Deus sua divindade (249 c), e que dessa maneira o filósofo se torna "perfeito".

De fato, do próprio *Fedro* se pode deduzir o que uma análise da natureza da alma deveria obter se quisesse oferecer mais do que a vívida comparação com um carro alado, apresentada como explicação "humana" em 246 a ss. Uma análise dessa índole deveria perguntar se a alma é simples ou composta de várias partes e, se composta, em que consiste sua faculdade (sua *dynamis*) em termos de agir e sofrer (270 d 1-7). É claro que o mito não abordou criticamente essas perguntas, nem tratou de resolvê-las com argumentos, mas respondeu a elas sem argumentação e com a verve genial da comparação poética. Mas é igualmente claro que essas perguntas também podem ser objeto de uma abordagem crítico-argumentativa no quadro dos diálogos platônicos, e de fato o foram, no livro IV da *República*. Nele (435 e ss.) se fundamenta com grande cuidado por que a alma não pode ser considerada simples, por que é preciso fazer uma distinção entre precisamente três "partes" na alma e quais são as faculdades de cada uma.

Temos então diante de nós, em forma escrita, a exposição "divina" da natureza da alma no livro IV da *República*? Isso seria dizer demais, pois a teoria da alma aí encontrada contém, ela mesma, uma pesada restrição (que logo observaremos de mais perto), mas nenhum leitor judicioso contestará que os argumentos do livro IV da *República* cumprem muito melhor o programa de uma psicologia filosófica retirada de *Fedro*, 270 d (cf. também 271 d) e que, em todo caso, se aproximam mais da explanação "divina" do que a bela imagem do carro da alma.

Além do aprofundado conhecimento da natureza da alma, o dialético, como representante de uma retórica baseada em princípios filosóficos, precisa sobretudo conhecer a essência das coisas das quais pretende comunicar a verdade (*Fedro*, 273 d-274 a; cf. 277 b c). Também aqui se faz referência a um "longo caminho" que implica "muito esforço" mas finalmente leva o homem a poder falar e agir de maneira aprazível à divindade (*Fedro*, 273 e 4-5, e 7-8; 274 a 2). O "caminho" a que Platão se refere aqui é o caminho ou a "viagem" (πορεία, *República* 532 e 3) da dialética; como sempre, Platão o apresenta como um caminho que realmente se pode percorrer, ou seja, como uma possibilidade real para o homem, que conduz a uma meta claramente definida, de cuja obtenção depende a felicidade humana. Não há dúvida nenhuma de que esse é o caminho da dialética oral que se aponta no diálogo, mas que na exposição escrita ainda não pode ser percorrido.

No *Górgias*, Platão se refere à sua teoria da alma de uma maneira que permite conhecer ainda bem menos da "forma" (ἰδέα, *idea*) da alma do que o carro tripartite da alma. O interlocutor de Sócrates, Cálicles, como vimos antes (p. 21 ss.), é impedido por seu cego egocentrismo e por sua impulsividade de compreender as proposições centrais da ética socrática; sua maior deficiência é sua primitiva identificação com seus próprios desejos (491 e-492 c). Sócrates contrapõe a ela uma imagem humana totalmente diferente, que ele, para salientar a distância em relação ao mundo intelectual de Cálicles, apresenta como a visão de "sábios" (σοφοί) estrangeiros, não expressamente nomeados. Segundo tal visão, os indivíduos irracionais são os não-iniciados (493 a 7): não sabem que a vida no corpo (σῶμα) é como a vida num túmulo (σῆμα) e que a contínua satisfação dos instintos e desejos não representa outra coisa senão o que o mito das Danaides exprime metaforicamente, a saber, uma tentativa de encher um barril furado com uma peneira (492 e 8-493 c 3). No entendimento que Sócrates tem da imagem, o barril corresponde a uma parte da alma, é "aquela parte da alma em que estão os desejos" (493 a 3, b 1). A alma é, portanto, um todo estruturado em que a "peneira" está a serviço das necessidades do "barril"; mas evidentemente isso se aplica apenas ao modo de vida dos irracionais e das pessoas dominadas por seus instintos, assim como para Cálicles a inteligência (φρόνησις, 492 a 2) tem apenas a função de servir aos instintos. Tomado conjuntamente com a exortação a Cálicles para que ele, em vez da vida da satisfação desenfreada e, por princípio, insaciável dos instintos, escolha a vida do autodomínio (493 c d), o recurso ao mito das Danaides significa que os desejos e impulsos não representam a alma toda, mas somente uma parte dela, à qual apenas os irracionais subordinam a inteligência, pois não sabem que a alma conhece ainda outra vida — a vida da alma racional no estado em que está liberta do corpo. Ademais, como o ideal de excelência de Cálicles é medido de acordo com o sistema das virtudes cardeais platônicas (489 e, 491 c-e), o qual, por sua vez, está ligado na *República* à teoria das três partes da alma, é óbvio que, para libertar-se totalmente de seus erros a respeito de si mesmo e, conseqüentemente, a respeito da forma de vida mais desejável, Cálicles precisava acima de tudo de um esclarecimento acerca da estrutura da alma. Apenas assim ele poderia compreender o que significa "dominar-se a si mesmo" (αὐτὸν ἑαυτοῦ ἄρχειν, 491 d 8). Mas Cálicles não recebe esse esclarecimento, evidentemente, porque seu estado moral exclui qualquer progresso cognitivo. Que aqui coisas essenciais são intencionalmente mantidas fora da discussão, embora fossem objetivamente imprescindíveis para uma análise válida dos problemas, é indicado a Cálicles (e ao leitor do diálogo) por meio da metáfora dos mistérios: Sócrates, sarcasticamente, declara Cálicles bem-aventurado por ser iniciado nos "grandes mistérios", antes de ter conhecido os "pequenos mistérios" (497 c); qualquer leitor da época sabia que isso era inadmissível nos mistérios de Elêusis, e todavia Platão faz Sócrates dizê-lo expressamente. O leitor deve compreender que aqui no *Górgias* não se pode esperar a iniciação nos "grandes mistérios" de Platão[3].

Para Cálicles, uma introdução à doutrina platônica da tripartição das almas, tal como se apresenta no livro IV da *Re-*

---

3. Para a interpretação da limitação do discurso no *Górgias*, cf. *PSP*, 191-207, esp. 199-204.

*pública*, já teria propiciado um progresso decisivo. Em contrapartida, para a figura que representa o personagem do "dialético", Sócrates, é absolutamente certo que essa versão também não equivale a revelar os "grandes mistérios". Renunciando à metáfora dos mistérios e, em vez disso, recorrendo à clareza prosaica, ele declara, antes de proceder ao desenvolvimento argumentativo de sua teoria, que o procedimento perseguido aqui na conversação com Glauco e Adimanto é insuficiente como resposta "exata" à questão a respeito das partes da alma:

> Sabe bem, Glauco, que, segundo minha opinião, com os métodos que estamos empregando agora em nossas discussões, nunca chegaremos a apreender isso com exatidão — pois o caminho que para aí conduz é outro, mais longo e mais penoso... (*República* IV, 435 c 9-d 3).

Com isso, a fundamentação da teoria que é a base da doutrina da virtude e do projeto do Estado é, de antemão, limitada em seu alcance filosófico.

Mas Platão não deixa as coisas nessa única indicação. Com insistência, ele remete ao ponto onde se prepara para introduzir outro teorema fundamental. Quando Sócrates começa a explicar, no livro VI, por que os governantes filosóficos no Estado ideal futuro deverão ter um conhecimento fundamentado do Bem, ele se lembra inicialmente da decisão tomada no livro IV de tratar a teoria da alma num nível argumentativo deliberadamente reduzido (504 a). Significativamente, o interlocutor a princípio não se recorda disso — quase temos a impressão de que Platão aqui, com base num conhecimento superior da alma, quis caricaturar a incapacidade de discernir a clara autolimitação de seus diálogos. No entanto, Sócrates insiste, e no final a mesma forma de limitação também é aprovada para o novo tema da Idéia do Bem. Precisamente aqui o "caminho mais longo" não pode ser percorrido: do ponto de vista da encenação dramática, isso se deve à falta de preparação por parte dos interlocutores (cf. 533 a); da perspectiva da *República* como livro, isso se deve aos limites que a escrita impõe à comunicação filosófica. É digno de nota que Sócrates agora, quando se aproxima do debate sobre o "supremo objeto de estudo" (μέγιστον μάθημα 503 e; 504 d e; 505 a), declare como é insuficiente renunciar ao "caminho mais longo" (504 b-d) mais enfaticamente do que no livro IV. Por fim, ele explica que não quer tratar a questão da essência da Idéia do Bem (506 d e), que mesmo a parábola do sol, dada como substituta, é imperfeita em muitos aspectos e que ele quer expor na seqüência apenas "o que é possível no momento presente" (ὅσα γ' ἐν τῷ παρόντι δυνατόν, 509 c 9-10); ambas as passagens mostram com perfeita clareza que a limitação das exposições não resulta da indizibilidade do objeto, como ocasionalmente se afirmou, mas que realmente há uma "visão" de Sócrates sobre o Bem, que ele entretanto, deliberadamente, não desenvolve:

— Mas, meus caros, vamos deixar por agora a questão de saber o que é o Bem em si; parece-me grandioso demais para, com o impulso que presentemente levamos, atingir o que agora penso sobre ele (506 d 8-e 3).
— Não pares, de maneira nenhuma! Ainda que não queiras ir mais longe, ao menos trata de novo da analogia com o Sol, a ver se escapou alguma coisa.
— Realmente, são muitas coisas que deixo escapar.
— Então, não deixes passar nenhuma, por pequena que seja.
— Suponho [*viz.*, que deixarei passar] muitas. Mesmo assim, não omitirei voluntariamente tanto quanto for possível no momento presente (509 c 5-10).

Mas o significado da intenção de Sócrates de expor apenas o que "for possível no momento presente" é elucidado por sua recusa no livro VII de explicar a Glauco num curto esboço os conteúdos e os métodos da dialética: "Não serás capaz de continuar me acompanhando, meu caro Glauco — pois de minha parte não faltará empenho" (533 a 1-2).

Na obra principal de Platão, portanto, a renúncia ao "caminho mais longo", de que o *Fedro* também faz menção (274 a, ver supra, p. 114 s.), diz respeito, por um lado, à doutrina da alma e, por outro, à filosofia do Bem e, com isso, a todo o campo da dialética platônica que conduz ao conhecimento do princípio (*arché*) último. Como se disse antes (p. 111 s.), a reconstrução propiciada pela tradição indireta permite apenas um preenchimento parcial do conteúdo desse campo. Contudo, no que concerne ao primeiro tema do "caminho mais longo", a doutrina da alma, Platão começou na própria *República* a descrever, pelo menos em grandes linhas, o que está faltando, e, graças a algumas indicações no *Timeu*, podemos até mesmo chegar a uma afirmação clara e segura quanto a um ponto central.

No livro X da *República*, Platão introduz, em dois passos, um suplemento de extrema importância para a psicologia de sua obra principal: primeiro ele prova a imortalidade da alma, que até então não havia desempenhado nenhum papel (608 c-611 a); depois continua (611 a-612 a): não devemos pensar que a alma "na sua verdadeira natureza" é tal como se nos mostrou até agora, a saber, cheia de pluralidade, desigualdade e luta. O que é composto de muitas partes e não dispõe da melhor ordenação dificilmente pode ser imortal. É preciso, no entanto, ver a alma em sua forma pura, ou seja, liberta de todos os acréscimos secundários oriundos de sua associação com o corpo. Pode-se reconhecer sua "natureza primitiva" (ἀρχαίαν φύσιν, 611 d 2) olhando sua *philosophia*: então se vê com o que ela está em contato e a que tipo de associação ela aspira em razão de seu parentesco com o divino e o eterno. Tal observação poderia evidenciar sua "verdadeira natureza", se é multiforme ou uniforme; agora, em contrapartida, o que fizemos foi considerar as coisas que ela experiencia (πάθη) e as formas (εἴδη) que assume na vida humana.

Aqui, portanto, Platão coloca uma investigação futura da alma em nítido contraste com a desenvolvida até agora no diálogo. Ambas as formas de investigação se aplicam à mesma pergunta, a saber, se a alma tem partes e, se sim, quais são: pois perguntar se a alma é multiforme ou uniforme (612 a 4) não significa outra coisa senão saber, como pergunta o livro IV, se ela exibe ou não as "partes" que podiam ser observadas no Estado como um modelo amplificado (435 c 4-6). No entanto, apenas uma investigação futura descobrirá a natureza "primitiva" ou "verdadeira" da alma e poderá dizer *dela* se é múltipla ou simples.

A psicologia da *República* é, portanto, acentuadamente, uma psicologia terrena, "empírica" por assim dizer. Seus resultados para o campo em que foram alcançados são absolutamente válidos, como é expressamente salientado (611 c 6; f). Mas lhe falta o acesso ao mais importante: a "verdadeira natureza" de seu objeto.

No que diz respeito à formulação, a pergunta pela multiformidade ou uniformidade da alma verdadeira é deixada sem resposta (612 a 4); somente a apropriada investigação da alma, que falta aqui no diálogo, irá decidi-la. Essa aparente abertura levou estudiosos a atribuir uma resposta errada a Platão ou até mesmo a explicar que ele próprio, aqui, não sabia com que se deveria parecer a solução.

Na realidade, a concepção de Platão acerca da verdadeira natureza da alma pode ser extraída tanto dessa passagem como de outras partes da *República*, mas infelizmente não com a clareza necessária para impor um consenso geral. Que a "verdadeira natureza da alma" pode ser composta no mesmo sentido que a alma nesta vida corpórea já fica excluído pelo agudo contraste entre as duas formas de consideração. Além disso, a afirmação de que a alma verdadeira é aparentada com o divino e o sempre-existente mostra nitidamente que isso só pode se referir ao λογιστικόν (*logistikon*), a parte mais superior da alma tripartite. Igualmente, a idéia de que ela poderia "seguir inteiramente" (611 e 4) o sempre-existente, ou seja, o mundo das Idéias, aponta na mesma direção — especialmente se consideramos o que se diz no livro IX sobre o "parentesco" e as inclinações das três partes da alma (cf. 585 b ss.): como apenas o *logistikon* está voltado para "o sempre igual, o imortal e a verdade" e como conseqüentemente apenas ele se assimila a esta esfera (cf. 500 c), só ele pode se qualificar como "o divino" no homem (589 d 1, e 4; 590 d 1). Isso realmente já implica que somente o *logistikon* pode ser imortal, pois as outras duas partes da alma se orientam para coisas mortais e as "seguem". Mais clara ainda é uma passagem do livro VII em que se diz que a virtude de "ser racional" (do φρονῆσαι) — em oposição às outras virtudes que são quase como virtudes corporais — é a função "de algo mais divino", "que nunca perde sua força" (518 d e).

A modificação da doutrina da alma que resulta dessa passagem é, portanto, a seguinte: da alma tripartite somente é imortal a alma racional, o *logistikon*; apenas ela, portanto, representa a natureza indestrutível, "primitiva" ou "verdadeira" da alma, enquanto as outras duas partes da alma no livro IV foram, de fato, corretamente diferenciadas uma da outra e do *logistikon*, mas, por sua natureza, não são outra coisa senão um acréscimo supérfluo, originado pela associação da "alma verdadeira" com o corpo.

Mas é precisamente essa imagem da alma humana que se pode depreender do *Timeu*. Somente a alma racional é criada pelo Demiurgo, ou "obtida por mistura", como diz Platão (35 a; 41 d); conseqüentemente, somente ela é imortal. As outras duas partes da alma são adicionadas como acréscimos mortais por deuses subordinados (69 c d); em razão de sua essência, estão voltadas para o mortal, a saber, para as paixões e a ambição (90 b), enquanto ao *logistikon* cabe a tarefa de assimilar-se, mediante uma compreensão racional das revoluções do universo, à ordem e à harmonia do céu "em conformidade com sua natureza primitiva" (90 c d, κατὰ τὴν ἀρχαίαν φύσιν d 5; cf *República*, 611 d 2).

Essa estrutura dicotômica da alma com o corte ontológico entre a parte imortal e as duas partes mortais, Platão também a mencionou claramente no *Político* (309 c) e nas *Leis* (713 c), e evidentemente a pressupôs no *Fedro*. Aqui, no final da *República*, não encontramos uma caracterização inequívoca dessa estrutura, e menos ainda uma explicação da natureza da alma a partir de sua relação com o inteligível — supostamente porque tal explicação não seria possível sem outras asserções sobre o mundo das Idéias e porque os interlocutores tampouco estariam à altura do "caminho mais longo". Mesmo as passagens mais claras do diálogo que citei não permitem conhecer com inteira clareza em que consistiria o resultado de tal revelação da "verdadeira natureza" da alma. (Mas vale dizer que a incerteza que ainda subsiste concerne apenas à essência e à constituição da alma racional, ao passo que não resta nenhuma dúvida quanto ao fato de a "verdadeira natureza" se referir ao *logistikon* e de apenas este poder ser imortal.)

Se Platão fala de "assimilação" e "parentesco", não quer com isso significar simplesmente identidade; talvez estivesse pensando numa determinação da essência pela qual a alma racional pertenceria àquele âmbito ontológico intermediário, mencionado por Aristóteles, entre as Idéias e as coisas sensíveis, e do qual também fazem parte os objetos matemáticos[4]. Em todo caso, a conhecida "mistura" da alma do mundo (que é alma racional pura) de acordo com proporções matemáticas no *Timeu* (35 a-36 d) sugere essa possibilidade[5].

Também a partir do *Timeu* talvez se possa explicar a formulação, que a princípio parece desconcertante, de que a investigação futura mostraria a verdadeira natureza da alma, "se ela é multiforme ou uniforme, ou qualquer que seja sua composi-

---

4. Aristóteles, *Metafísica*, A 6, 987 b 14-18 e Z 1, 1028 b 19: Platão teria dado aos objetos da matemática uma posição ontológica intermediária (cf. também William David ROSS, *Arisototle's Metaphysics*, Oxford, 1924, I, 166).

5. Para o problema de *psyche* e *mathematika* em Platão, cf. Philip MERLAN, *From Platonism to Neoplatonism*, Den Haag, ³1968, 13 ss., 45 ss.; Konrad GAISER, *Platons ungeschriebene Lehre*, Stuttgart, ²1968, 44 ss., 89 ss.

ção" (εἴτε πολυειδής εἴτε μονοειδής, εἴτε ὅπῃ ἔχει καί ὅπως, 612 a 4). É improvável que Platão estivesse incerto de qual seria o resultado. Se partirmos da doutrina da divisão da alma no livro IV da *República*, será evidente a resposta: a verdadeira natureza da alma é uniforme, μονοειδής, porque as outras duas partes (εἴδη) orientam-se por coisas mortais e por isso são, elas mesmas, mortais. Que Platão se contente com uma formulação "aberta" pode ter sua razão precisamente no fato de ele não pensar mais na divisão da alma no sentido do livro IV, mas já na "mistura" da alma racional de diversas "partes" — ainda que essas "partes" finalmente provem ser, no *Timeu*, algo bem diferente das "partes" da tricotomia da alma.

Não deveríamos ter dúvida a respeito do significado da limitação a que Platão submete a teoria da alma de sua obra principal em 611 a-612 a. O fato de que o conteúdo de uma investigação futura mais exata pode, ao menos em seu ponto central, ser completado com total segurança a partir de outros diálogos nos dá a garantia de que Platão, com a expressão "caminho mais longo", nos remete a resultados concretos de seu trabalho filosófico, mesmo nas passagens em que ele não nos possibilitou esse tipo de verificação.

O trecho 611 a-612 a da *República* é digno de nota ainda em outro aspecto: tínhamos constatado que esse texto, ao remeter a uma psicologia mais precisa que ainda não está disponível, já antecipa por alusões o conteúdo dessa investigação. Isso nos traz de volta à questão, tão importante para a hermenêutica de Platão, sobre o papel das alusões e das indicações para as quais o leitor deve fornecer um conteúdo. Devemos dar às alusões mais importância do que temos dado até agora? Antes de tentarmos responder a essa pergunta (cf. infra, cap. 19), nós nos ocuparemos de outro texto platônico que, mediante alusões, se refere a outros resultados de importância mais fundamental do que os que se encontram no próprio texto.

XVIII
# A DOUTRINA DA ANAMNESE E A DIALÉTICA NO *EUTIDEMO*

No *Eutidemo*, o leitor depara inúmeras vezes com sofismas aparentemente absurdos, com os quais Dionisidoro e Eutidemo pretendem confundir seus interlocutores. No entanto, muitos deles encerram um bom sentido, se os interpretamos contra o pano de fundo da concepção platônica da aprendizagem e da doutrina da anamnese[1].

Ao jovem Clínias se faz inicialmente a pergunta: quem aprende, os "sábios" ou os ignorantes (οἱ σοφοὶ ἢ οἱ ἀμαθεῖς, 275 d 4)? A resposta "os sábios" é refutada, o que faz Clínias optar pelos ignorantes, mas essa resposta é igualmente refutada (275 d 3-276 c 7). Até esse ponto, tudo isso dá a impressão de um mero jogo sofístico, e para Dionisidoro e Eutidemo, os personagens do drama que procedem a tais refutações, é exatamente esse o propósito. Mas logo se vê que para o autor Platão há mais coisas envolvidas aí, se levamos em conta as passagens 203 e ss. do *Banquete* e 218 a do *Lísis*: de acordo com elas, aquele que aprende não é nem sábio, nem ignorante. No entanto, esse

---

1. Hermann KEULEN, *Untersuchungen zu Platons "Euthydem"*, Wiesbaden, 1971, 25-40, 49-56; cf. também Paul FRIEDLÄNDER: *Platon II*, Berlin, ³1964, 171, 177s.

"nem-nem", a única maneira pela qual as duas refutações fariam sentido, está ausente no *Eutidemo*, como também a relacionada concepção de Eros e filosofia.

Também no caso da segunda pergunta — o que se aprende: o que não se sabe ou o que se sabe? —, as duas respostas possíveis são refutadas (276 d 7-277 c 7). No *Mênon* é justamente esse resultado — não se pode aprender nem o que se sabe nem o que não se sabe — que ocorre como um "argumento erístico" que Sócrates sobrepuja expondo a teoria da anamnese (80 d s.). Mas no *Eutidemo* falta essa solução.

Todavia, ela transparece claramente numa passagem posterior: os erísticos provam que quem sabe algo sabe tudo (293 b-e), que todo mundo sabe tudo (294 a-e) e que todo mundo sempre soube tudo (294 e-296 d). Tudo o que aqui parece um total absurdo ganha clareza e se enche de sentido contra o pano de fundo do *Mênon*: a partir de uma só "reminiscência", aquele que aprende pode buscar tudo, pois um parentesco liga todas as coisas; além disso, como toda alma contemplou as Idéias antes de sua entrada no corpo, cada homem sabe potencialmente tudo; e, com apoio no conhecimento de geometria que Sócrates arranca do escravo inculto de Mênon, pode-se ver que todo mundo sempre já soube potencialmente tudo (*Mênon*, 81 c d; 85 d-86 b; cf. *Fedro*, 249 b para a contemplação das Idéias antes do nascimento).

Os dois erísticos provam, além disso, que seu próprio pai é ao mesmo tempo o pai de seu interlocutor e, ainda, o pai de todos os seres humanos, até mesmo de todos os viventes, entre eles todos os ouriços-do-mar, porcos e cães (298 b-e). Esse estranho "parentesco" de pessoas e animais de todos os tipos é provavelmente pensado como uma variante caricatural do postulado que contém o fundamento ontológico da doutrina da anamnese: "... pois toda a natureza é afim" (ἅτε γὰρ της φύσεως ἁπάσης συγγενοῦς οὔσης, *Mênon* 81 c 9).

Isso deixa claro que não poucos dos sofismas no *Eutidemo* são concebidos tendo em vista a doutrina da anamnese. Mas essa teoria não é discutida aqui, nem sequer mencionada. A palavra "alma" (295 b 4) poderia nos fazer recordar que a doutrina platônica da alma é o pano de fundo que poderia conferir sentido aos jogos tolos dos erísticos. Mas só pode entender essa indicação (se é que é uma) quem já sabe alguma coisa sobre as doutrinas platônicas da anamnese e da alma.

Também se faz alusão à doutrina das Idéias (fato que quase era de esperar, em vista do fundamental vínculo entre teoria da anamnese e teoria das Idéias). Sócrates evidentemente conhece o problema da relação entre coisa particular e Idéia (301 a 2-4): "o Belo em si" é para ele diferente da coisa bela particular, mas esta é bela pela "presença" do Belo (cf. πάρεστιυ, 301 a 4). No nível representado pelo erístico Dionisidoro, deduz-se disso que Sócrates se tornaria um boi pela presença de um boi (301 a 5).

Como a teoria das Idéias na *República* também está ligada a uma detalhada concepção da relação das ciências entre si, não causa estranheza que também se faça menção a esse tema. A matemática, como ficamos sabendo em 290 c d, não pode ser a ciência suprema que se busca, pois nesta devem coincidir produção (ou seja, aquisição) e uso, enquanto a matemática passa para a dialética o que ela conquista, tal como um general entrega à política a cidade conquistada. Essa concepção da relação entre matemática e filosofia não é preparada por nada no *Eutidemo* e permanece incompreensível até mesmo na armação do diálogo; somente saindo dele e incluindo as passagens 510 c ss. e 531 c ss. da *República* compreenderemos seu sentido com clareza. Platão, portanto, pressupõe mais do que expressa.

Na busca da "ciência" ou "arte" suprema decisiva, a arte de elaborar discursos (ἡ λογοποιικὴ τέχωη, 289 c 7) também é examinada e rejeitada. O motivo dessa rejeição é a referência a "certos logógrafos" (289 d 2) nos quais a produção e o uso de seus produtos se separam: eles escrevem discursos, mas não os enunciam, enquanto seus clientes, de fato, empregam esses discursos, mas não os elaboram. Aceita-se que *não* é *esta* arte do discurso que pode ser a arte suprema, que propicia felicidade — contudo, *Sócrates* tinha acreditado encontrá-la "em alguma parte" nessa esfera (289 d 8-e 1). Pode-se, no entanto, concluir dessas notáveis formulações que poderia haver *outra* "arte retórica", capaz de satisfazer os critérios da "ciência procurada" (e 1). Trata-se aqui obviamente do aspecto da dialética desenvolvido no *Fedro*: a dialética como uma arte retórica ideal. A dialética é entendida aí como a atividade filosófica oral em que o dialético produz "os discursos" justamente na conversa pessoal com um receptor apropriado e ao mesmo tempo os usa corretamente segundo a medida do seu conhecimento da alma e do objeto[2]. No *Fedro*, também lemos que os λόγοι da dialética asseguram ao ser humano a *eudaimonia* possível (277 a 3).

No conjunto, tem-se a impressão de que está presente no diálogo *Eutidemo* um rico pano de fundo filosófico que, entretanto, determina o curso argumentativo apenas de maneira latente, sem dominá-lo abertamente. Partes tão importantes da filosofia platônica como a doutrina da anamnese e das Idéias e a teoria da dialética estão, quanto ao plano temático, presentes, mas em nenhuma parte são nomeadas claramente, muito menos se discorre sobre elas de maneira coesa ou se tenta fundamentá-las. Por isso, tampouco são notadas pelos interlocutores do diálogo, nem nós como leitores poderíamos notá-las se não tivéssemos, a partir de outros diálogos, uma instrução explícita sobre os teoremas em questão.

---

2. A escrita, em contrapartida, necessariamente implica a separação entre produção e uso: via de regra, autor e leitor nem sequer se conhecem. Essa "alienação" que pertence à sua essência torna a escrita, por princípio, incapaz de satisfazer às exigências da verdadeira "arte retórica" (λόγων τέχνη).

## XIX
# O SIGNIFICADO DAS ALUSÕES PARA A LEITURA DE PLATÃO

Agora já temos em mãos exemplos suficientes para poder tratar novamente da questão das alusões em Platão[1]. A questão não é, naturalmente, se há alusões e indicações que o leitor ativamente engajado deva, ele mesmo, fazer falar — isso naturalmente existe em Platão, mas, como também ocorre coisa semelhante em outros autores, como veremos, devemos, para encontrar o que há de específico na atividade literária filosófica de Platão, perguntar com mais precisão que valor tinha para ele o escrever com emprego de alusões.

Até agora não encontramos indícios de que Platão alimentou a crença de que pudesse se aproximar do filosofar oral escrevendo por um sofisticado uso de alusões sutis, indicações indiretas e insinuações cifradas. Esta foi, antes, a ingênua crença de Friedrich Schleiermacher, que ligava a isso a convicção antiesotérica de que, pela arte da comunicação "indireta", Platão não teria necessidade de reservar ao âmbito da oralidade partes essenciais de sua filosofia. No entanto, a escrita permanece fundamentalmente dependente da complementação oral por meio das "coisas de maior valor" (τιμιώτερα). A idéia de que as

---
1. Cf. supra, p. 54-65, 122 s.

alusões escritas podem cumprir a função dessa complementação oral é um mal-entendido moderno sobre o qual ainda deveremos falar posteriormente. Por ora, é preciso demonstrar, com base em diferentes tipos de alusões e sugestões, que elas em Platão não têm, em absoluto, a função de concorrer com a comunicação direta, seja ela oral ou escrita.

(a) A forma mais simples de alusão é certamente apontar o que se tinha em mente por meio de uma referência em forma de citação. Essa forma aparece em *Fedro*, 276 e 2-3, em que Platão cita como exemplo do "divertimento" escrito do filósofo o "contar histórias" (μυθολογεῖν) acerca da justiça e de temas relacionados. Como a *República* trata da justiça e das demais virtudes, e como ela em duas passagens (376 d; 501 e) se caracteriza a si mesma como um μυθολογεῖν, não pode haver dúvida de que Platão se refere aqui à sua própria obra principal como um caso de "divertimento" filosófico escrito. Mas é deixado à engenhosidade do leitor reconhecer a alusão como tal e tirar dela a conclusão correta, a saber, que as próprias obras de Platão estão incluídas na crítica de tudo o que é escrito.

A questão mais importante da crítica da escrita não é então respondida por uma simples alusão? De maneira nenhuma. Pois a questão de saber se os diálogos de Platão também estão sujeitos ou não à crítica da escrita só se propõe à moderna teoria do diálogo, que em razão de seus pressupostos antiesotéricos tem um interesse vital em excluir os diálogos da crítica. Para Platão a questão nem se colocava: ele dirigia sua crítica à "escrita" (γραφή) em geral. E, para o leitor que não está disposto a torcer a clara declaração do texto por causa de preconceitos modernos, também se diz diretamente, não apenas em alusões, que a crítica também implica os diálogos, quando ela se refere a *todo* o escrito. Um leitor que compreendeu isso compreendeu o essencial — se ele reconhece ou não como tal a discreta alusão à *República* é, em contrapartida, irrelevante.

É absolutamente compreensível que essa discreta alusão tenha sido descoberta relativamente tarde — em 1961 por W. Luther[2]. Surpreendente é o fato de a referência, absolutamente inequívoca do ponto de vista temático, ter sido ignorada ou tratada como incerta pela maioria dos comentadores, mesmo depois de sua descoberta. Isso só mostra como Platão estava certo: a escrita não permite uma transmissão "clara e permanente" de nada; até mesmo na avaliação de uma alusão tão simples e "certa", resta um espaço considerável para a consideração subjetiva. Por que devemos aceitar que justamente Platão apostou na univocidade das alusões? A crítica da escrita mostra com suficiente clareza que ele havia muito abandonara a ingenuidade necessária para isso.

(b) A propósito dos *"archai* ainda mais altos", a que se faz referência em *Timeu* 53 d, mas que de nenhuma maneira são esclarecidos aí, tivemos oportunidade de recordar uma passagem das *Leis* que aborda a origem (γένεσις, *genesis*) de todas as coisas (supra, p. 111, nota 1). O texto diz:

> Que processo deve ocorrer para que haja uma geração para todas as coisas? Isso claramente só é possível quando um início [ἀρχή] está presente e sofre um acréscimo e assim chega a um segundo estágio de desenvolvimento [μετάβασιν] e deste ao seguinte, e quando, avançado para o terceiro, ele pode ser percebido pelos seres capazes de percepção. Tudo se origina por meio de tal mudança e de tal transição; tudo tem verdadeira existência enquan-

---

[2]. Wilhelm LUTHER, Die Schwäche des geschriebenen Logos, *Gymnasium* 68 (1961), 536 ss.

to subsistir assim; mas, se passa a um outro estado, é inteiramente destruído (*Leis* X, 894 a 1-8).

Ninguém poderá contestar que a passagem "deve inicialmente ser considerada enigmática", como formulou Konrad Gaiser[3]. É também esse o caso quando se examina cuidadosamente o contexto da passagem do livro X das *Leis*. Como mostrou Gaiser, uma clareza verdadeira surge apenas com a introdução dos testemunhos sobre a teoria não-escrita dos princípios; o trecho então revela ser uma reprodução deliberadamente críptica de um teorema matemático da transição da primeira dimensão para a segunda e depois para terceira, que Platão utilizou ao mesmo tempo como modelo explicativo para fatos ontológicos[4].

Pode-se dizer aqui que o essencial foi comunicado alusivamente? Não, pois, no fundo, aqui não se "comunica" nada, em todo caso não para o leitor que não tenha sido previamente informado *por alguma outra fonte*; sem as fontes chamadas à baila por Gaiser, nossa passagem permaneceria para sempre indeterminada, ao ponto da obscuridade, e estaria à mercê de métodos subjetivos de interpretação. E, para o que o livro X das *Leis* pretende realmente mostrar, a saber, que uma alma do mundo racional governa no cosmos, a explicação dimensional da γένεσις também não é "o essencial". Que os conteúdos da educação filosófica dos governantes do Estado pertencem, em contrapartida, aos ἀπόρρητα, cuja comunicação prematura careceria de sentido, é algo que o leitor aprende não por uma alusão críptica, mas por uma informação direta no fim da obra (968 e; cf. supra, p. 105).

---

3. Konrad GAISER, *Platons ungeschriebene Lehre*, Stuttgart, ²1968, 187.
4. Ibid., 173-189, esp. 175, 187-189. Cf. também ID., *Platone come scrittore filosofico*, Napoli, 1984, 148 ss.

(c) Com relação à exposição das idéias filosóficas que no *Eutidemo* transparecem "por trás" das argumentações confusas e aparentemente absurdas (ver cap. 18), havíamos enfatizado que nenhum dos "enigmas" poderia ser solucionado sem um conhecimento da exposição não-cifrada da doutrina da anamnese e do conceito de dialética no *Mênon*, no *Fédon* e na *República*. Portanto, os "enigmas" do *Eutidemo* não são, em absoluto, enigmas no sentido do gênero literário arcaico do *aínos*, cujo encanto consiste precisamente em que o receptor deduza o significado com base no próprio texto, sem ajuda externa. Édipo devia solucionar o enigma da esfinge sem dados específicos dos quais somente ele disporia — toda a sua fama como decifrador de enigmas teria acabado se ele tivesse abordado a tarefa nessas condições especiais. Em contrapartida, o "enigma" segundo o qual todo mundo sabe tudo e, até mesmo, sempre soube tudo (*Eutidemo*, 294 a-e; 294 e-296 d) somente é solucionável graças a dados especificamente platônicos, sem os quais ele realmente seria o que parece ser ao leitor despreparado, a saber, um puro disparate.

Mas que há aqui algo especial e significativo no pano de fundo, Platão o expressa não mediante alusões vagas, mas pelo meio dramatúrgico da interrupção do diálogo narrado; trataremos disso no próximo capítulo (ver mais adiante, p. 143 s.).

(d) Quando discutimos sobre as passagens de retenção na *República* 611/12, defendemos a tese de que o resultado do exame mais preciso da alma, que não é desenvolvido no diálogo, pode contudo ser deduzido de algumas indicações no texto (supra, p. 120 ss.). Tem aqui a alusão, portanto, a função de comunicar o essencial de maneira cifrada?

Sem dúvida, Platão não disse "a 'verdadeira natureza' da alma é uniforme, pois em sua forma 'purificada' a alma é idêntica à parte suprema de suas três partes, ou seja, ao *logistikon*". Entretanto, se se considera que essa conclusão resulta muito simplesmente da indicação de que a verdadeira natureza da alma pode ser descoberta a partir de sua *philosophia*, de seu trato e seu parentesco com o divino e sempre-existente (611 e), então caberá perguntar em que sentido se deve ainda falar aqui de uma comunicação "cifrada" — trata-se antes de uma simples recordação de resultados obtidos anteriormente no diálogo (ver supra, p. 119 ss.). É significativo, no entanto, que essa simples "tarefa" do leitor de ligar o dado anterior com o tópico atual também não tenha conduzido às necessárias "clareza e certeza" do conhecimento; pelo contrário, sempre se contestou que Platão quisesse aqui limitar a imortalidade ao *logistikon*[5].

No entanto, é decisivo para a avaliação da passagem o fato de que a pergunta deixada sem resposta em 611/12 só pode ser respondida a partir da própria *República* até este ponto: a "verdadeira natureza" da alma deve ser equiparada a uma das três partes da alma. Em contrapartida, qual poderia ser o significado de uma multiformidade da alma verdadeira é algo que nem sequer pode ser adivinhado a partir da *República* — apenas a informação direta sobre os ingredientes da "mescla da alma" no *Timeu* 35 a-36 d pode nos dar uma idéia da análise ontológica mais ampla da alma.

Em resumo, podemos constatar que Platão se serve, de bom grado, dos mais diferentes tipos de alusões, insinuações e referências, mas sem jamais manifestar a

---

5. A propósito dos problemas da passagem e de seu tratamento na bibliografia platônica, cf. meu artigo Unsterblichkeit und Trichotomie der Seele im zehnten Buch der Politeia, *Phronesis* 21 (1976), 31-58.

intenção de atribuir à técnica literária da alusão um papel central na comunicação filosófica[6].

A famosa frase de Heráclito de que o deus do oráculo de Delfos "não afirma, nem esconde, mas significa"[7] é uma descrição magistral do modo de comunicação do oráculo e do discurso enigmático (αἶνος, αἴνιγμα). Mas Platão ultrapassou em muito as pequenas formas literárias arcaicas do oráculo e do αἶνος; ele pode ocasionalmente usá-las e as usa com virtuosismo, mas sempre numa função serviçal e complementar. Para compreender sua verdadeira intenção como escritor filosófico, é preciso considerar sobretudo sua adoção do grande novo gênero literário do drama em prosa e perguntar com que meios dramatúrgicos ele revela o que lhe é importante. Mas o critério para o julgamento de todas as interpretações é e continua a ser a crítica da escrita. Todavia, o espírito da crítica da escrita é contrariado de duas maneiras pela moderna teoria do diálogo, que atribui às alusões escritas a função decisiva do ensinamento filosófico — de tal modo que elas tornam desnecessária uma filosofia esotérica oral dos princípios. Em primeiro lugar, ela esquece que "clareza e certeza (constância)" do conhecimento não podem, segundo Platão, ser garantidas pela escrita (*Fedro*, 275 c 6-7; 277 d 7-8); a concepção de que a alusão necessariamente imprecisa pode transpor esse obstáculo inerente à essência da escrita apóia-se num otimismo ingênuo que Platão nunca alimentou e que a história da recepção das obras de Platão refutou por completo. Em segundo lugar, ela não se dá conta de que a escolha da "alma apropriada", que em Platão é o pressuposto decisivo da

---

6. Sobre a "abertura" do diálogo (*Banquete*, 221 d-222 a), cf. infra, p. 148 s.

7. Heráclito, *DK* 22 B 93.

instrução filosófica — em outro caso, o filósofo irá se silenciar —, absolutamente não pode se realizar com os meios da escrita. A ilusão cifrada pode ser decodificada por qualquer leitor com a inteligência necessária para isso. Um exemplo aqui é Alcibíades, perdido havia muito para a causa da filosofia, que no *Banquete* anuncia que é preciso "abrir" os *logoi* socráticos a fim de ter tudo aquilo de que se necessita para se tornar bom e nobre (*Banquete*, 221 d-222 a)[8]. Mas Platão exige da "alma apropriada" não só capacidades intelectuais, como também um parentesco interno com a causa da filosofia, o qual inclui ainda o pleno desenvolvimento das virtudes cardinais na alma (*República*, 487 a; cf. também *Carta sétima*, 344 a). É com perplexidade que se deve perguntar como esse enorme abismo que separa, de um lado, a confiança moderna na função educacional das alusões e da "comunicação indireta" e, de outro, a concepção platônica de um uso filosófico da escrita pôde passar despercebido por tanto tempo. Talvez isso só tenha ocorrido porque desde o princípio, isto é, desde Friedrich Schleiermacher, uma motivação antiesotérica dirigiu a reflexão sobre o diálogo platônico. Schleiermacher acreditava, de fato, que o objetivo de Platão era organizar o uso da escrita de modo que ela alcançasse, para a transmissão do saber, praticamente o mesmo que a comunicação oral. No *Fedro*, que Schleiermacher considera um escrito da juventude, Platão não teria esperado poder atingir isso, mas o conseguiu mais tarde[9], de modo que "com isso nunca acabou acreditando numa incomunicabilidade tão ampla da filosofia"[10]. Para Schleiermacher, então, Platão adotou na crítica da escrita um ponto de

---

8. Para mais indicações sobre Alcibíades, ver infra, p. 147 s.
9. Friedrich Schleiermacher, "Introdução" à tradução de Platão, v. I, 1, 15.
10. Id., "Introdução" ao *Fedro*, 52.

vista que mais tarde superou. Com base nessa crença, Schleiermacher elaborou sua teoria do diálogo, que ainda hoje tem o crédito de muitos. No entanto, hoje se sabe que o *Fedro* é uma obra relativamente tardia, não escrita antes de 370 a.C., e contém a refletida e definitiva visão de Platão sobre o uso filosófico correto da escrita. Assim, podemos também rejeitar como não-platônica a moderna teoria do diálogo, que se baseia em falsos pressupostos e pretende atribuir às alusões e referências no texto escrito a tarefa que somente a filosofia oral pode cumprir[11].

---

11. Para uma detalhada crítica das deficiências metodológicas e dos erros fatuais de Schleiermacher e seus seguidores, cf. *PSP*, 331-375 (Apêndice 1: Die moderne Theorie der Dialogform).

## XX
# A TÉCNICA DRAMÁTICA DE PLATÃO: ALGUNS EXEMPLOS

Como foi dito antes, a compreensão dos diálogos de Platão não deve se guiar pela hermenêutica dos gêneros literários arcaicos menores do oráculo (χρησμος) e do enigma (αἶνος, αἴνιγμα), mas partir das possibilidades do gênero maior progressivo do drama. De fato, Platão dispõe de todas as técnicas de uma dramaturgia desenvolvida e sabe empregá-las judiciosamente para apresentar seu conceito de filosofia. Oferecer uma descrição completa da técnica dramática de Platão não é minha intenção aqui — tal tentativa exigiria um segundo livro com pelo menos a mesma extensão que este. Tudo o que se pode propiciar aqui são alguns exemplos capazes de ilustrar a antiga tese de que a forma do diálogo platônico não é um elemento exterior, mas essencial para seu conteúdo. Sem dúvida, inúmeros intérpretes das últimas gerações não cessaram de aderir a essa tese, mas, em geral, isso não passou de mera adesão verbal; a unidade da forma e conteúdo, programaticamente anunciada, praticamente nunca produziu resultados concretos para a interpretação. Mas uma observação acurada dos meios literários e de sua interpretação à luz da crítica da escrita pode nos dar algumas informações surpreendentes[1].

### a) A ação contínua

Geralmente se dá pouca atenção ao fato de o diálogo platônico ter, via de regra, uma "ação" contínua. Um meio pelo qual Platão mantém essa ação na memória do leitor é a repetição do motivo.

A ação contínua no *Eutidemo* consiste, como já se mencionou antes (p. 30), no desmascaramento dos erísticos Eutidemo e Dionisidoro como não-esotéricos, e para Platão isso significa: como não-filósofos. Passo a passo é mostrado que eles, no pano de fundo, não estão munidos de "coisas de maior valor" com as quais, em caso de um ataque, poderiam vir em auxílio de seu *logos*. O motivo mediante o qual essa ação é levada adiante e dividida em fases é, de um lado, o do "ocultamento" e, de outro, o da oposição de "divertimento" e "sério". A tática de Sócrates consiste em ver como "divertimento" o absurdo erístico com que Eutidemo e Dionisidoro pretendem brilhar e em exortá-los o tempo todo a se mostrarem com seu "sério", que eles certamente ainda mantêm oculto atrás do "divertimento". E, quando finalmente se constata que eles não têm nada de mais valioso do que seus sofismas baratos, Sócrates os aconselha sarcasticamente a continuar guardando seu saber de maneira tão eminentemente esotérica.

Os intérpretes não deixaram de perceber que "Sócrates" tem à sua disposição nesse diálogo a doutrina das Idéias e da anamnese, como também o conceito platônico da dialética[2].

---

1. Um dos meus propósitos em *Platon und die Schriftlichkeit der Philosophie* era pôr em destaque a congruência entre a teoria platônica do uso da escrita e a forma literária dos diálogos. Para as observações nas páginas seguintes, ver as exaustivas análises contidas nessa obra.

2. Ver supra, p. 125 ss.

Contudo, não se compreendeu o que esse fato significa no contexto desse diálogo, porque não se soube vincular o saber subjacente e perceptível de Sócrates à ação contínua. Mas quando se analisa com base na ação a vantagem que Sócrates tem em relação ao saber, que ele oculta ironicamente no diálogo, fica subitamente claro que ele mesmo é aquilo de que, por zombaria, classificou os erísticos: a saber, uma pessoa com conhecimento que retém deliberadamente o que é "sério". A ação do diálogo pode agora ser formulada da seguinte maneira: o verdadeiro esotérico Sócrates desmascara dois charlatães ao provar que absolutamente não dispõem de nenhuma coisa "séria" que estariam retendo; numa irônica inversão da realidade, ele os representa como esotéricos. O objeto de escárnio não é, portanto, a retenção esotérica do saber, mas justamente a incapacidade para isso. Em termos positivos, isso significa: a mensagem do *Eutidemo*, que só é perceptível pela consideração do *leitmotiv* e da ação contínua, diz que o verdadeiro filosófico deve ser esotérico.

No *Cármides*, a ação contínua consiste numa espécie de "conversão" do jovem Cármides, isto é, em sua repentina e incondicional entrega a Sócrates, o mestre ideal. O motivo que está vinculado a essa ação é o do "remédio" e do "encantamento" que deve preceder a aplicação[3]. O tema do diálogo é a virtude da prudência.

A conexão entre ação, *leitmotiv* e tema é, em linhas gerais, a seguinte: Cármides, ao final do diálogo, decide-se por Sócrates como mestre, o que sem dúvida é um sinal da "prudência" já existente como predisposição em sua alma. Mas a verdadeira decisão cabe a Sócrates — ele indica expressamente que cabe a ele liberar ou não o encantamento (*Cármides*, 156 a). Ele até poderia empregar o "remédio" diretamente — mas isso vai de encontro à advertência de seu mestre trácio de não se deixar

---

3. Cf. supra, p. 34 e 106.

seduzir por nada a ministrar o remédio sem o "encantamento" prévio (157 b-c). Como mestre, portanto, Sócrates necessita, por sua vez, da virtude da prudência — e ele prova que a possui retendo seu saber filosófico mais profundo (seu *pharmakon*) no interesse de uma instrução adequada, enquanto as conversas preparatórias (as *epôdê*) ainda não tiverem tornado o aluno amadurecido para esse fim. Mais uma vez, o entrelaçamento de *leitmotiv*, ação e tema mostra que o verdadeiro mestre filosófico deve ser capaz da retenção esotérica.

Em terceiro lugar, convém analisar com mais precisão a ação contínua na *República*[4]. Ela consiste na tentativa de alguns amigos de Sócrates de "obrigá-lo" a comunicar suas visões acerca da justiça, do melhor Estado e finalmente do Bem e da dialética como caminho para a Idéia do Bem. O motivo que articula a ação e não cessa de variar ao longo de todo o diálogo aparece já na primeira página da obra: os amigos querem "segurar" Sócrates e não o "liberar" de maneira nenhuma; ele, contudo, acredita poder convencer os amigos a deixá-lo partir (*República*, 327 a-c). Logo no começo, a situação deixa claro que os outros necessitam da sabedoria de Sócrates, enquanto ele próprio pode até mesmo imaginar-se fora da conversação. Mas inicialmente ele cede, e os amigos conseguem induzi-lo a expor coisas importantes: a partir do livro II, ele está disposto a "vir em auxílio" da justiça (e com isso também de seu próprio *logos* em favor da justiça no livro I). E não apenas está disposto a isso, mas é também brilhantemente competente — ele realmente introduz na discussão "coisas de maior valor", que ultrapassam em muito o quadro conceitual do livro I e levam a questionamentos cada vez mais profundos. No entanto, à medida que a discussão se aproxima passo a passo dos princípios (ἀρχαί), Sócrates se mostra menos inclinado a se abrir a outros, até que por fim consegue pacificamente convencê-los a

---

4. Cf. a breve menção na p. 34, assim como o capítulo sobre a *República* em *PSP*, 271-326.

"liberá-lo" no que diz respeito à exposição de suas visões sobre o Bem e sobre as vias e os conteúdos da dialética: sua declaração de que Glauco não poderia mais segui-lo nesse campo (533 a) é aceita por ele sem protesto.

A ação da *República* começou, portanto, como uma simbólica prova de força: em tom de brincadeira, os amigos ameaçaram obrigar Sócrates a participar da conversa mesmo contra sua vontade (327 c). Mas, no final, é o dialético que sai vitorioso dessa prova de força. Os outros são forçados a reconhecer que cabe a Sócrates decidir livremente o quanto comunicará de seu saber filosófico. Ele deixa inequivocamente claro que a comunicação de suas opiniões está ligada à questão de saber se o interlocutor cumpre ou não certos requisitos, em outras palavras: que seu método é lidar com o saber filosófico de uma maneira estritamente relacionada ao receptor, ou "esotérica". Quem compreendeu a ação da *República* compreendeu também que Platão tinha mais a dizer sobre o Bem como princípio supremo do que escreveu nesse livro. Até mesmo sem as informações de Aristóteles, podemos saber sozinhos, com base na obra principal de Platão, que havia uma teoria platônica oral dos princípios.

## b) Interrupção do diálogo narrado

Um especial expediente dramatúrgico que Platão às vezes emprega é a interrupção do diálogo narrado pelo diálogo que emoldura a conversação. Assim, o *Eutidemo*, em termos formais, é um relato de Sócrates a Críton sobre uma conversação que ele teve no dia anterior com dois erísticos no Liceu. No curso desse relato, ficamos sabendo que o jovem Clínias dissera, a respeito da arte da dialética, que ela se apodera da "presa" da matemática tal como a política se apodera da presa da ciência estratégica, uma cidade conquistada, por exemplo (290 c d)[5]. Nessa afirmação está implicada uma relação entre matemática e

---

5. Cf. supra, p. 128.

dialética que somente é compreensível a partir da teoria da ciência contida na *República* (510 c ss.; 531 c ss.) e que, dentro do *Eutidemo*, onde falta qualquer preparação para o resultado, parece um bloco errante.

Para enfatizar a importância do reconhecimento de que a matemática está subordinada à dialética, Platão interrompe o diálogo narrado e faz Críton perguntar se o jovem Clínias realmente disse algo tão inteligente; se foi mesmo ele, então ele não necessita de mais instrução humana (290 e). Para nosso espanto, Sócrates não está disposto a garantir que foi Clínias e declara que também poderia ter sido Ctesipo. Mas, quando Críton também se recusa a aceitar isso, Sócrates exprime a suposição de que "um dos seres superiores", presentes no momento, poderia ter introduzido esse conhecimento (291 a 4). Não é preciso refletir por muito tempo para adivinhar de que voz o deus desconhecido se serviu. Não há dúvida de que com a dialética o reino do que é "superior", da filosofia "divina", é tocado. — Platão não confia na compreensibilidade da breve alusão à sua teoria da ciência, mas utiliza adicionalmente o bem mais nítido meio dramatúrgico da interrupção do diálogo narrado para deixar claro ao leitor que por trás do diálogo há uma riqueza filosófica não explicitada, que está para o que é explicitamente tratado assim como o reino do divino está para o humano.

O diálogo narrado também é interrompido no *Fédon*, e, de fato, duas vezes (como vimos antes, p. 94 s.). Com isso a atenção do leitor se volta para a importância do "auxílio" que o filósofo deve ser capaz de prestar a seu *logos*. O auxílio que Sócrates pode efetivamente trazer para si mostra exemplarmente que o filósofo *não* pode, como freqüentemente se supõe, ficar no estágio do *logos* a ser defendido. As duas interrupções acentuam esse estado de coisas e assim permitem, em associação com o tema da ascensão de hipótese a hipótese, compreender por que o auxílio transcendente deve ser o princípio estrutural central do diálogo platônico em geral.

## c) A troca de interlocutor

Em vários diálogos, o primeiro interlocutor de Sócrates é substituído no curso da conversação, a maioria das vezes — mas não sempre — por alguém com idéias análogas. A troca de pessoas indica, muitas vezes, uma troca do nível da argumentação e, por regra geral, está ligada a um caso de "auxílio" ao *logos*.

No *Górgias*, o grande sofista de quem o diálogo recebe o nome é interrogado por Sócrates acerca do objeto e da finalidade de sua arte (τέχνη). Sócrates o trata com polidez; é somente a seu aluno Polo que ele pressiona com perguntas mais árduas e profundas; quando este não se mostra mais à altura da discussão, Cálicles intervém na conversação como defensor de uma retórica política.

A seqüência de interlocutores pode ser explicada à luz da crítica da escrita. O dialético pode transmitir ao discípulo apropriado a capacidade de ajudar o *logos* e com isso também o autor do *logos* (*Fedro*, 276 e-277 a). Se Górgias e dois de seus seguidores são interrogados, isso significa que Górgias está sendo testado para ver se é o verdadeiro mestre filosófico. Fica evidente que nem o mestre nem os discípulos estão em condição de prestar a seu *logos* um auxílio filosoficamente fundamentado. O exame da posição de Górgias revela, de fato, seus fundamentos mais profundos, mas estes não consistem em "coisas de maior valor" (τιμιώτερα). O que, por fim, se torna claro no caso de Cálicles é a brutal negação de toda ética pela posição do chamado "direito do mais forte". Assim, a dupla troca de pessoas no Górgias produz, num sentido, uma linha ascendente à medida que a discussão conduz a perguntas cada vez mais fundamentais e a tensão dramática da discussão cresce continuamente. Essa linha ascendente se entrecruza de forma fascinante com um movimento contrário, à medida que a posição oposta se torna, em termos de conteúdo, cada vez menos respeitável e se afunda cada vez mais.

A mesma técnica dramatúrgica é empregada por Platão no livro I da *República* com a seqüência Céfalo-Polemarco-Trasímaco; e os personagens Trasímaco e Céfalo parecem ser duas tentativas de dar forma dramática ao mesmo conteúdo. No caso da *República*, a discussão não pára na refutação do oponente caracterizado negativamente. Depois de a definição de justiça como o "proveito do mais forte" elaborada por Trasímaco ser recusada, sem que sua verdadeira essência (seu τί ἐστιν) tivesse sido discutida, a conversação poderia terminar aqui; e de fato termina no que diz respeito ao interlocutor Trasímaco.

Mas no início do livro II entram em cena os irmãos Glauco e Adimanto, que em longos discursos (358 b-362 c; 362 e-367 e) renovam o ataque de Trasímaco contra a justiça. No entanto, a conversação com eles, que ocupa os livros II-X da *República*, não tem semelhança alguma com a conversa de Trasímaco. A diferença reside no caráter dos interlocutores: enquanto é evidente que Trasímaco combate por convicção íntima o conceito tradicional de justiça, Glauco e Adimanto, com seus argumentos a favor da injustiça, querem apenas provocar uma refutação cabal. Pessoalmente, eles estão convencidos da superioridade da justiça, mas não dispõem dos argumentos necessários para sua defesa — querem, antes, ouvi-los de Sócrates.

Sócrates, que já supunha ter acabado com a conversação (357 a), entra agora por causa dos irmãos Glauco e Adimanto numa discussão de um tipo totalmente diferente: no lugar da conversa aporética, que conscientemente deixou aberta a questão do τί ἐστιν da matéria discutida (347 e; 354 b) e era inequívoca somente na rejeição da falsa visão da justiça, entra agora a conversação construtiva que desenvolve uma riqueza insuspeitada de tomadas de posição e argumentos positivos, e que por fim, passando pela doutrina da alma, também chega a uma definição da justiça (443 c-e). Mas ambas as conversações — e isto é de extrema importância — são conduzidas no mesmo dia diante do mesmo círculo, uma imediatamente após a outra. A informação clara desse arranjo dramatúrgico é a seguinte: Platão nos dá a conhecer que, por trás das aporias dos diálogos sobre a virtude, que pretensamente não podem definir as virtudes da coragem, da piedade, da prudência e da justiça, encontra-se na realidade o sistema das doutrinas da alma, do Estado e da virtude da *República*; e ao mesmo tempo ele mostra que a exposição de tais τιμιώτερα somente poderá ocorrer se for exigida pelos interlocutores que trouxerem consigo os pressupostos característicos para tal ensinamento. Todavia, a exclusão dos interlocutores inapropriados não tem nada a ver com segredo: é permitido a Trasímaco assistir à conversa que se segue, ele apenas não é mais o destinatário. A conversa com ele ficou estacionada no vestíbulo aporético da filosofia, enquanto, para Glauco e Adimanto, Sócrates está disposto a revelar o τί ἐστιν da justiça. Mas o tipo de comunicação de conhecimentos filosóficos que é estritamente relacionado ao destinatário ou esotérico é preservado mesmo no caso deles, como já vimos antes (cf. p. 141 s.): eles não estão equipados para o τί ἐστιν do Bem e, por isso, não chegam a conhecê-lo.

O emprego do expediente dramatúrgico da troca de interlocutores no *Banquete* é claramente distinto desses dois casos. Enquanto Polo e Cálicles no *Górgias*, e Glauco e Adimanto na *República*, estão presentes desde o começo, Alcibíades irrompe no grupo dos participantes do *Banquete* depois de os discursos sobre Eros terem alcançado o ponto culminante no discurso de Sócrates sobre Diótima (*Banquete*, 212 c). Sem dúvida, a imagem que o embriagado Alcibíades pinta do caráter de Sócrates constitui por si mesmo um segundo ponto culminante do diálogo, mas nesse ínterim o tema se transferiu da essência de Eros para a realização do Eros filosófico na pessoa de Sócrates.

O relato de Alcibíades é totalmente marcado por sua vivência pessoal. Fica explícito que ele era um homem que teria tido talento para a filosofia e que, por essa razão, foi, durante um tempo, cortejado "eroticamente" por Sócrates. Contudo, seu caráter instável lhe tornou impossível confiar-se plenamente à direção filosófica de Sócrates; por fim, ele escapou por completo à sua influência. Alcibíades fornece, portanto, fragmentos de uma autobiografia filosófica que o mostram como alguém chamado à filosofia, mas que, no fim das contas, não estava à altura dessa vocação. Alcibíades é o jovem filósofo que não satisfez as expectativas dirigidas a ele.

Seu papel no quadro da ação do *Banquete* corresponde a esse seu *status*. Ele é o que chega tarde demais, o homem que não estava presente desde o início e que não escutou o mais belo e mais elevado, a "iniciação" de Diótima na essência de Eros. Mesmo na vida real, esse homem tinha compreendido mal o "erotismo" de Sócrates e o interpretara como interesse sexual (*Banquete*, 217 c-219 d, esp. 218 c).

Temos um exemplo de sutil ironia dramática quando Platão escolhe justamente esse Alcibíades, que Sócrates tinha testado um dia e considerado muito ligeiro, e o faz caracterizar a essência de Sócrates. De fato, ele diz muitas coisas corretas e importantes a seu respeito – todas resultantes de sua acurada lembrança de circunstâncias vividas. Mas quando tenta descrever os *logoi* de Sócrates fica patente sua distância em relação ao Sócrates verdadeiro. É que na concepção de Alcibíades esses *logoi* pareciam inicialmente risíveis com suas analogias de ferreiros, sapateiros e curtidores; mas era preciso, segundo ele, "abri-los" para reconhecer que somente esses *logoi* encerram razão e contêm as mais divinas imagens da virtude (*O Banquete*, 221 d-222 a).

É evidente a que tipo de *logoi* socráticos Alcibíades se refere: os discursos ocasionais descritos nos primeiros diálogos, que trabalham constantemente com a analogia da *techné* e pretendem extrair conclusões do "conhecimento" do "artista" (do *technites*) para o conhecimento do agente moral. A breve conversa entre Sócrates e Agatão no *Banquete*, que se segue ao discurso de Agatão, também pertence a esse tipo de conversação aporética e elênctica (199 c-201 c). Alcibíades não parece conhecer outra coisa. Mas no *Banquete* a discussão elênctica com Agatão é somente o prelúdio do resumo de discursos totalmente diferentes, a saber, as discussões filosóficas didáticas repetidas que Sócrates teve com "Diótima" e graças às quais ele recebeu um ensinamento positivo, não-cifrado, acerca do Eros. Alcibíades, o homem que chegou demasiado tarde, não tem nenhum conhecimento de discussões desse tipo. Daí a ênfase que ele dá às analogias dos sapateiros e curtidores e à necessidade de "abrir" tais *logoi*. No momento decisivo, o próprio Alcibíades obviamente não conseguiu "abrir" as palavras que Sócrates lhe confiou privadamente numa situação "erótica" e que continham claras ressonâncias da idéia da gradação do Belo no discurso de Diótima (*Banquete*, 218 d-219 a); do contrário, não teria continuado a esperar pelo amor físico (219 b c), nem teria depois se afastado do mestre único da "virtude" (ἀρετή).

Se portanto compreendermos corretamente a chegada tardia de Alcibíades como uma decisão dramatúrgica expressiva e consciente por parte de Platão, sem dúvida veremos na "abertura" dos diálogos (isto é, na decifração de alusões ocultas) uma correta e importante máxima hermenêutica. Mas não podemos ignorar o fato de Platão nitidamente introduzir essa "abertura" como a hermenêutica daqueles que nada sabem dos *logoi* filosóficos mais construtivos que conduzem à via que ascende aos ἀρχαί. Alcibíades não é somente nosso fiador platônico para a "abertura"; é também o exemplo dado por Platão de que a abertura não pode ter êxito sem um explícito ensinamento sobre os conteúdos filosóficos decisivos.

## XXI
# IRONIA

A ironia talvez seja a técnica estilística mais famosa de Platão. A leveza urbana, a elegância e as nuanças de seu tom irônico são inigualáveis em toda a literatura universal, que não é pobre em ironia, e representam uma fonte inesgotável de enlevo para o leitor culto.

São muitas suas possibilidades de emprego: uma ação dramática pode estar inteiramente determinada pela ironia (como é o caso no *Eutidemo*); um personagem inteiro pode se mostrar sob a luz da ironia (como Eutífron ou Hípias); ou a aparição de um personagem pode ser ironicamente relativizada pelo contexto dramático (como acabamos de ver no caso de Alcibíades no *Banquete*), ou talvez até mesmo uma única reação de um personagem que, em outros aspectos, não está mergulhado em ironia (basta pensar, por exemplo, na capacidade de esquecimento de Adimanto com relação às limitações a que o discurso está sujeito: *República* IV, 504 a-c[1]).

No entanto, por mais versátil que seja a ironia, para Platão[2] ela é um meio de exposição de alcance limitado. É de decisiva

---
1. Cf. supra, p. 116 e *PSP*, 307 s., com nota 99.
2. Naturalmente não é meu objetivo tentar fazer um inventário completo (nem sequer uma apreciação "conclusiva") da ironia platônica.

importância não confundir a ironia platônica com a ironia romântica que se infiltra em tudo e constitui um fenômeno especificamente moderno. A ironia romântica não se dirige contra um adversário determinado, mas contra tudo e todos; ela também penetra no ponto de vista do próprio ironista, aliás é nele que penetra em primeiro lugar; é essencialmente auto-ironia, e sua mais importante função é não poupar nada, absolutamente nada, que poderia escapar à ironização. Para o romântico não pode haver nada absoluto que estaria imune à relativização irônica. Em Platão, em contrapartida, é evidente que a ironia se retrai diante do que ele chama de âmbito "divino" do sempre-existente e diante da *philosophia* "divina" como empenho em apreender noeticamente o reino do sempre-existente. Com freqüência se observou que a atitude em que Platão fala sobre o reino das Idéias tem um caráter claramente religioso[3]. A ironia é para Platão apenas um meio de preparar essa atitude também no leitor, e o faz mostrando o ridículo e o absurdo das atitudes contrárias.

Por conseqüência, um senso de ironia é, sem dúvida, importante para a leitura de Platão. No entanto, devemos nos guardar do erro de pensar que a ironia é para Platão um meio central — e não subsidiário — de ensinamento. Essa concepção é encontrada em intérpretes que, de um lado, viram que os diálogos aporéticos sobre a virtude não contêm aporias cuja solução poderia ter sido problemática mesmo para Platão, mas que, por outro lado, não puderam aceitar que Platão propõe "enigmas" insolúveis sem o recurso a outras formulações — seja à sua filosofia oral, seja à doutrina da virtude da *República*; disto se concluiu que a expressão irônica deve ser suficiente por si mesma para esclarecer o que Platão realmente tinha em vista. Por mais sedutor que esse pensamento possa parecer, sempre

---

3. Isto é aceito mesmo por intérpretes de orientação claramente "antimetafísica"; cf., por exemplo, G. VLASTOS, *Platonic Studies*, Princeton, 1973, 397: "Poderia alguém dizer que Platão sentiu algo menos que veneração pelas Idéias?"

se constata, quando se fazem essas interpretações, que, para poder responder às perguntas abertas das primeiras obras, é necessário mais do que a mera correção de atitudes e julgamentos errôneos pintados ironicamente. Um só exemplo basta: no *Hípias menor* "demonstra-se" a tese de que quem faz o mal voluntariamente é "melhor" em comparação a quem o faz involuntariamente. Hípias, o interlocutor de Sócrates, que é tratado com boa dose de mordaz ironia, contesta essa falsa tese, é verdade, mas não é capaz de contrapor nada à argumentação intencionalmente errada de Sócrates. Ora, não há nenhuma utilidade aqui em substituir tudo o que no personagem Hípias se apresenta sob a luz da ironia por seu contrário enquanto não temos à disposição o postulado socrático "ninguém erra voluntariamente". Se temos esse postulado, todos os paradoxos do *Hípias menor* se resolvem sem dificuldade. Mas em nenhuma parte do diálogo esse postulado pode ser obtido pela simples resolução de uma ironia. O leitor já deve trazê-lo consigo para uma leitura proveitosa, do contrário não terá o que fazer com o diálogo. Os intérpretes "irônicos" de nossos dias estão equipados de antemão com o saber necessário por nossa tradição cultural; somente por isso podem imaginar que o extraíram do diálogo "sem nenhum pressuposto"[4].

Os comentadores nunca poderiam ter deixado de reconhecer que a ironia para Platão é um meio de importância e função limitadas. Só o fato de ela recuar fortemente já em obras importantes do período intermediário, de aparecer apenas à margem na obra mestra, a *República*, e faltar totalmente em obras como o *Timeu* e *Leis* deveria ter salvaguardado da superestimação romântica da ironia em Platão.

---

4. Cf. *PSP*, 87 s.; em correspondência com isso, também provei, para as outras obras do primeiro período, a insuficiência das interpretações que operam exclusivamente com a ironia. Cf. também agora Michael ERLER, *Der Sinn der Aporien in den Dialogen Platons*, Berlin/New York, 1987.

# XXII
# MITO

O uso do estilo "mítico" por Platão convida à comparação com o uso da ironia em mais de um aspecto: seus mitos são tão famosos quanto suas ironias; para o leitor sensível são também uma fonte de prazer literário sempre novo; são igualmente variados em forma e função; e, enfim, também foram às vezes superestimados.

Por um lado, Platão apresenta o mito em clara oposição ao *logos*. Por outro lado, não se deve ignorar que, a despeito da clareza da oposição semântica, ele deliberadamente embaça a fronteira entre o mito e o *logos* em certos casos particulares. Podemos observar isso até mesmo na apresentação de um mito de procedência estrangeira: Protágoras, no diálogo que leva seu nome, faz sua audiência escolher entre a exposição de seu ponto de vista em forma de mito ou em forma de *logos* (*Protágoras*, 320 c); a escolha é devolvida a ele, que começa então pela forma "mais agradável" do mito. Após uma fala um tanto extensa, ele explica que não quer mais oferecer mito, e sim *logos* (324 d 6) — mas nesse momento o leitor atento há muito já observou que o mito se converteu em *logos* consideravelmente antes (em 323 a 5 ou, talvez melhor, já em 322 d 5), sem uma demarcação clara.

Platão faz o mesmo com seus próprios mitos. A história da invenção da escrita por Thoth (*Fedro*, 274 c-275 b) tem todas as características de um "mito": ela se desenrola em tempos remotos, os atores são deuses e se apresentam falando; o objeto da história é uma "invenção" divina numa época primeva, isto é, a fixação de características essenciais de uma coisa para todos os tempos. No entanto, mal Sócrates terminou de relatar sua pequena história e Fedro o repreende pela invenção desse *logos* egípcio; portanto, Fedro, por sua parte, se desfez dos elementos míticos da história e, com vistas à transparência da mensagem, apreendeu o *logos* no mito — procedimento que Sócrates implicitamente aprova ao acentuar que, para ele, importa unicamente saber se o objeto visado é atingido ou não (275 b c).

No mesmo diálogo se encontra o grande discurso de Sócrates sobre Eros, cujo cerne — a história da ascensão dos carros da alma divino e humano à região supraceleste (246 a ss.) — constitui inequivocamente uma narração mítica. O discurso se define a si mesmo como "prova" (ἀπόδειξις) da tese de que Eros é dado pelos deuses para a suprema felicidade do amante e da pessoa amada — mas essa prova seria inacreditável para os demasiado sagazes, porém crível para os sábios (245 c 1-2). Essa referência à valoração variada e à aceitação do que se segue não é difícil de interpretar: Platão conta, por um lado, com leitores que vêem apenas o elemento mítico da narração e por isso não lhe dão crédito, mas ao mesmo tempo deposita esperança em leitores que compreendam que o não-provado pelo mito não apenas requer prova, como também é capaz de tê-la — coisa a que Platão, de fato, também se refere expressamente[1] —, e que, por isso, aceitam a mensagem do mito com vistas ao *logos* contido nele. A "prova" da tese começa, de resto, com uma prova da imortalidade da alma (245 c 5-246 a 2), que

---

1. *Fedro*, 246 a. Para essa passagem, cf. supra, p. 143 s.

absolutamente não se dá em forma de narração mítica, mas de maneira estritamente conceitual.

Já mencionei (p. 114) que a imagem mítica do carro tripartite da alma encontra sua justificativa nos argumentos do livro IV da *República*. Da perspectiva do mito do *Fedro*, a *República* deveria, portanto, ser definida como *logos*, mas já vimos (p. 130) que Platão alude à sua obra mestra precisamente com estas palavras: "na medida em que ele [o filósofo] conta histórias sobre a justiça" (δικαιοσύνης πέρι μυθολογοῦντα, *Fedro*, 276 e 3). Naturalmente, a *República* também tem, como projeto utópico que aguarda sua realização, uma forte conotação mítica: muitas coisas são deixadas à fantasia criativa do criador e não podem ser controladas com base na experiência efetuada até este ponto; mas, acima de tudo, o caráter "mítico" da obra principal poderia se fundar no fato de que pontos essenciais, embora por princípio fundamentáveis, não são factualmente fundamentados[2].

Nesse sentido, todo o ensaio de filosofia natural no *Timeu* é também descrito como "provável mito" (29 d; 68 d; 69 b), porque aqui o estatuto ontológico do objeto exclui a fundamentabilidade total ou a certeza total de fundamentação.

No maior contraste possível com a filosofia da natureza do *Timeu*, que opera com conceitos em parte novos e extremamente difíceis, estão os mitos do além-mundo, que na forma de narrações religiosas tradicionais descrevem o destino dos justos e dos injustos após a morte. Até mesmo aqui Platão

---

2. No *Político*, 304 c 10-d 2, fala-se de um tipo de oratória que convence a multidão "com saber" (isto é, conformemente à arte), "contando-lhe histórias, mas não a instruindo" (διὰ μυθολογίας ἀλλὰ μὴ διὰ διδαχῆς). Seria possível deduzir daí que, para Platão, toda influência verbal que não atua pelo ensinamento (isto é, pelo ensinamento pessoal: a escrita permanece ἄνευ διδαχῆς, *Fedro*, 275 a 7) cai sob o conceito de *mythologia*. No entanto, resta perguntar se se pode aplicar essa passagem aos diálogos: pois estes, por certo, alcançam a muitos — nenhum autor pode evitá-lo —, mas não pretendem convencer os muitos *qua* multidão (πλῆθος).

joga com a oposição entre mito e *logos*: por exemplo, quando faz Sócrates dizer na introdução do mito no *Górgias* que ele produzirá algo que Cálicles certamente considerará um mito, mas que para ele próprio é um *logos* porque é verdade (*Górgias*, 523 a). Certamente não devemos entender isso como se Platão afirmasse a verdade da narrativa segundo a qual, sob Cronos e no começo do reino de Zeus, o juízo sobre a vida de um homem foi pronunciado ainda em seu último dia no aquém-túmulo, a saber, por juízes que, por seu turno, ainda se encontravam na vida terrena (523 b-524 a). Em contrapartida, a verdade da crença na imortalidade e da convicção de que nosso futuro destino no além-mundo depende de nosso comportamento ético nesta vida é inabalável para Platão. Como, no entanto, Cálicles nada sabe da estrutura interna da alma (cf. supra, p. 115 s.) e, conseqüentemente, não conhece o conceito filosófico de justiça derivado da estrutura da alma — a que Sócrates alude em 526 c 3-4 — , também não pode apreender o *logos* no mito, razão pela qual ele o rejeitará como "mero" mito. As diferentes apreciações do mito do além-mundo como *logos* por Sócrates e como mito por Cálicles correspondem inteiramente à dupla valoração esperada do discurso sobre Eros no *Fedro*, de que falei há pouco (cf. p. 156)[3].

É contra esse pano de fundo que se deve observar a questão freqüentemente discutida que procura saber se o mito em Platão está subordinado ao *logos* ou se ele transmite uma verdade superior que não é alcançável pelo *logos*.

Essa última suposição de que os mitos encerram um conteúdo de verdade mais elevado deriva da percepção de correntes modernas irracionalistas e não pode se apoiar nas reflexões

---

3. O fato de Platão ser consciente de que o mesmo texto será apreendido diferentemente por diferentes ouvintes ou leitores não significa naturalmente que ele vivia na crença de possuir uma técnica literária que pudesse dirigir confiantemente essa recepção variada. A respeito dessas questões, cf. caps. 9, 10, 11 e 19.

de Platão. Por outro lado, uma subordinação do mito ao *logos* tampouco pode ser aceita se com isso se entende que o mito é um ornamento mais ou menos dispensável, uma transposição meramente ilustrativa de pontos de vista obtidos de outras maneiras. Se fosse essa a opinião de Platão sobre o papel do mito, ele dificilmente poderia lhe ter dado um espaço tão amplo em sua obra. Sem dúvida, a penetração dialética da realidade, que se efetua no *logos* argumentativo, é o objetivo último do filósofo. Mas não se pode renunciar à força psicagógica do mito; ademais, a capacidade das imagens e histórias de representar um estado de coisas de forma global e intuitiva é um complemento imprescindível da análise conceitual. Visto dessa forma, o mito aparece como uma segunda via de acesso à realidade, que certamente, quanto ao conteúdo, não pode ser independente do *logos* mas oferece, em comparação com ele, um *plus* que não pode ser substituído por nada[4].

---

4. Uma equivalência de mito e *logos* é defendida de modo bastante equilibrado por K. GAISER: *Platone come scrittore filosófico*, Napoli, 1984, 125-152, esp. 134-136. A subordinação ao *logos* tinha sido sustentada, entre outros, por G. MÜLLER, *Die Mythen der platonischen Dialoge*, Nachrichten der Gießener Hochschulgesellschaft 32, 1936, 77-92 (também em G. MÜLLER, *Platonische Studien*, Heidelberg, 1986, 110-125). Rico em boas observações é o novo tratamento do tema por G. CERRI, *Platone sociologo della communicazione*, Milano, 1991 (17-74: Mito e poesia).

# XXIII
# MONÓLOGO E DIÁLOGO COM INTERLOCUTORES IMAGINÁRIOS

Os mitos são apresentados em discurso contínuo. Constituem a prova mais visível de que o condutor da conversa pode abandonar o diálogo e se servir de um *makros logos*. Os dois maiores e filosoficamente mais importantes desses monólogos míticos — a exposição de Timeu e o grande discurso de Sócrates sobre Eros no *Fedro* — contêm preponderantemente elementos que, pela compreensão tradicional, não seriam mais classificados como "míticos" — o líder do diálogo renunciou, portanto, à comunicação dialógica sob o nome do mito e transitou para o ensinamento monológico.

Outra forma de abandonar o diálogo é o diálogo dentro do diálogo. Não estou pensando aqui na técnica literária do diálogo-estrutura, como é empregada, entre outros, no *Fedro* e no *Eutífron*, mas na suspensão temporal da discussão em curso pelo líder do diálogo e na introdução de um personagem imaginário, seja como possibilidade imaginada, seja como relato sobre uma discussão pretensamente já conduzida. De fato, formalmente tudo se passa como se apenas outro interlocutor tivesse sido introduzido, como ocorre várias vezes no diálogo platônico. No entanto, como a nova "pessoa" se diferencia claramente das pessoas presentes por não ter uma individualidade própria, mas apenas representar uma certa posição ou uma certa mentalidade, ela é facilmente reconhecível como construção do condutor do diálogo, que, portanto, com esse expediente conserva a forma do diálogo, mas na verdade suspende a discussão realmente conduzida, para lhe poder dar a direção desejada.

Até hoje essa técnica literária de Platão não foi descrita em nenhum lugar, embora Platão recorra a ela com certa freqüência e não seja pequena sua importância para a compreensão da forma dialógica. Diótima é a figura mais famosa entre os interlocutores-substitutos imaginários. Naturalmente, pode ter havido em Mantinéia uma visionária com tal nome (muitos arqueólogos até identificam uma cabeça de mármore do século IV como retrato de Diótima), mas, com toda clareza, as conversas de Sócrates com Diótima são concebidas como continuação da conversa que ele manteve com o interlocutor real Agatão (cf. *Banquete*, 201 e). Assumindo o papel que até então era de Agatão, Sócrates pode elevar a conversação a alturas que seriam inacreditáveis com Agatão como interlocutor. Decerto, no que tange à forma, Sócrates dá sua contribuição ao louvor de Eros dialogicamente (contudo apenas até 208 b; a partir daí, "Diótima" fala em monólogo), mas, quanto ao objeto da discussão, ele monologa tal como fizeram os outros participantes do grupo.

Importantes resultados e pontos de vista também são alcançados pela introdução de um terceiro anônimo no livro X das *Leis*, em que o "Ateniense" se antecipa às respostas e reações dos futuros ateus para desde já garantir filosoficamente a lei sobre a impiedade (893 a ss.), ou no *Protágoras*, em que representantes anônimos da multidão recebem explicação de Sócrates a respeito do verdadeiro sentido do hedonismo deles (*Protágoras*, 353 a ss.). No entanto, o exemplo mais claro é o terceiro anônimo, concebido como máscara do dialético, em *Hípias maior*, que até mesmo vive na casa de Sócrates e, no retorno "para casa" (*Hípias maior*, 304 d 4), lhe mostra o caminho para um tratamento mais apropriado do problema do que é possível com Hípias. No *Fédon*, por fim, Sócrates nos comunica numa extensa "citação" (66 b 3-67 b 2) o que os "verdadeiros filósofos" diriam entre si (πρὸς ἀλλήλους) sobre a busca da verdade e a relação de corpos e almas.

O sentido filosófico da técnica literária do diálogo imaginário dentro do diálogo parece ser duplo. O fato de que também aquilo que o dialético introduz a partir do tesouro de seus próprios pontos de vista é apresentado dialogicamente sem participação de interlocutores reais significa que o pensar, como diálogo da alma consigo mesma, é, num sentido fundamental, dialógico: o pensamento que reivindica validez intersubjetiva deve satisfazer substancialmente à exigência de expor-se à crítica do adversário e resistir a ela. Por isso, até mesmo os resultados do dialético obtidos em reflexões solitárias "em casa" são apresentados por Platão como resultados de uma investigação conjunta. Em segundo lugar, podemos também deduzir disso que o dialético platônico — por mais que seu pensamento satisfaça a exigência *a priori* da verificação intersubjetiva (dialógica) — não depende, de fato, de um interlocutor determinado, nem de uma situação determinada para chegar a um determinado resultado. Na realidade, ele introduz na conversação os pontos de vista decisivos já elaborados; se lhe apraz, ele pode desenvolvê-los mesmo sem o interlocutor real, fazendo-os passar por resultado de homologias anteriores com um interlocutor imaginário. Mas também pode, se lhe parece correto, calar-se (*Fedro*, 276 a 6-7).

## XXIV
# AS CARACTERÍSTICAS DO DIÁLOGO: O QUE REALMENTE SIGNIFICAM

Até aqui reunimos observações suficientes para poder retornar à nossa lista das características essenciais do diálogo platônico e perguntar por seu sentido original. A crítica da escrita no *Fedro* fornece os pontos de vista que devem orientar a interpretação da forma dialógica. Apenas esse fio condutor *platônico* pode nos fornecer a garantia de que não daremos preferência a hábitos de pensamento e preconceitos modernos em detrimento das próprias intenções de Platão.

Vamos considerar agora, em ordem inversa, as características enumeradas acima (p. 37 ss.).

7) É preciso partir da idéia fundamental de que nenhum escrito, e portanto nenhum diálogo platônico, está em condição de prestar a si mesmo a ajuda necessária em caso de ataque. Em contrapartida, o dialético ou *philosophos* se distingue precisamente pela capacidade de auxiliar oralmente seu escrito; nessa operação ele revelará "coisas de maior valor" (τιμιώτερα), e com isso seus escritos provarão ser (comparativamente) inferiores. Ora, se os diálogos de Platão são escritos de um *philosophos* — e esse pressuposto dificilmente pode ser posto em dúvida —, deve haver por trás deles um cabedal de *timiotera* filosóficos

que, por princípio, seriam também comunicáveis por escrito, mas que o autor deliberadamente mantém fora de suas obras escritas. A existência de uma filosofia oral por trás dos diálogos é, portanto, antes de tudo uma *conseqüência* que se obtém obrigatoriamente da aplicação da crítica da escrita aos próprios escritos de Platão. Em segundo lugar, ela é diretamente confirmada de maneira impressionante pelas passagens de retenção. À luz da crítica da escrita, essas passagens de retenção passam uma mensagem muito clara; com elas, Platão não diz outra coisa senão: "Esse escrito é o escrito de um *philosophos* que oralmente pode fundamentar com mais exatidão o que ele expôs aqui recorrendo a testes e teoremas em comparação com os quais a exposição escrita pareceria menos importante".

6) A situação básica descrita é sempre a situação de βοήθεια. É um método de testar se alguém é ou não *philosophos*. Sempre que uma tese é expressa, ela é atacada: o autor deve mostrar que pode defendê-la com argumentações mais profundas. É sempre apenas uma figura que é capaz dessa elevação qualitativa do nível de argumentação, tão característica da estrutura do diálogo: o tipo, invariável, do dialético platônico. Passar no teste do filósofo não é simplesmente uma questão de inteligência (do contrário, Protágoras e Górgias deveriam ter sido capazes de ajudar o *logos* deles), mas é algo ligado ao conhecimento das Idéias e à familiaridade com a dialética platônica.

5) Agora também se compreende por que o dialético sempre se revela invencível e não se reduz, nem mesmo por pequenas derrotas ou fracassos ocasionais, ao nível inferior do interlocutor. Ele testa os outros tendo como pano de fundo seus *timiotera*; ele é "o que sabe" (o εἰδώς, *Fedro* 276 a; 278 c), o que alcançou o conhecimento das Idéias; diante dele, os outros são, na medida em que lhes falta a filosofia das idéias, fundamentalmente "aprendizes" (μανθάνοντες, cf. *Fedro*, 276 a 5). Os diálogos não cansam de mostrar a mesma situação: a busca da "alma apropriada" por parte do dialético (cf. *Fedro*, 276 e 6).

De resto, a invencibilidade do dialético, que irritou muitos leitores dos diálogos, não é deduzível apenas do desenrolar efetivo das conversações, mas é também diretamente expressa: Sócrates, diz Alcibíades, vence *todos* na discussão, e de fato *sempre* (*Banquete*, 214 e 3-4); e para o reconhecimento do Bem, diz Sócrates na *República*, o dialético deve ter superado sem danos todas as tentativas de refutação (534 c 1-3). Portanto, vemos também aqui que a imagem teórica que Platão tem do filósofo coincide plenamente com o retrato literário do dialético nos diálogos.

4) A superioridade básica do dialético também acarreta o fato de ele ser mostrado na conversa sempre com apenas um interlocutor[1]. O líder do diálogo tem a autoridade de impor a concentração num tema com um interlocutor. A consideração simultânea e paritária de vários pontos de vista apenas desviaria da fundamental diferença que há entre aquele que já operou o "voltar da alma" (ψυχῆς περιαγωγή, *República*, 521 c 6; cf. 518 c 8-d 4) na filosofia das Idéias e aquele que ainda o tem pela frente. A distância em relação ao dialético deve reiteradamente se tornar clara, passo a passo, com cada interlocutor, não para humilhá-lo, mas a fim de prepará-lo para a possível ascensão. Pontos de vista diferentes dos da filosofia das Idéias não podem se tornar produtivos, nem mesmo no debate recíproco; por isso, não há tampouco fases no diálogo em que o dialético se retiraria e deixaria a discussão para os outros temporariamente (a tentativa de Hípias em *Protágoras* 347 a-b de introduzir na discussão seu próprio *logos*, como um terceiro ao lado do de Sócrates e Protágoras,

---

1. Por certo, pode acontecer que um ponto de vista seja representado por dois nomes: Glauco e Adimanto exigem juntos na *República* uma defesa da justiça por Sócrates. Símias e Cebes aparecem juntos no *Fédon* duvidando da imortalidade da alma. Clínias e Megilo representam em conjunto a cultura dórica, cuja boa legislação (εὐνομία) o "Ateniense" tenta imitar e superar nas *Leis*. Entretanto, essas figuras-gêmeas não constituem dois pontos de vista independentes, e as argumentações do dialético geralmente se dirigem, cada vez, a apenas uma delas, raramente a ambas ao mesmo tempo.

mostra claramente que Platão evitou essa possibilidade não por acaso, mas deliberadamente: Hípias é rejeitado).

Se o dialético entra numa discussão iniciada por outros, como Sócrates no *Crátilo*, é ele então (e não os oponentes presentes) que relaciona entre si as visões de ambos os lados, para finalmente medi-las de acordo com sua própria posição. Não se trata de medir o errôneo pelo critério do errôneo; a "verdadeira filosofia" é, antes, a medida para todas as opiniões divergentes. No entanto, como todas as pessoas têm uma vaga recordação do que sua alma outrora contemplou no estado incorpóreo e de que somente o filósofo das Idéias possui uma lembrança mais clara, elas são movidas por uma aspiração — por inconsciente que seja — ao conhecimento do dialético. É, pois, em última análise, o interlocutor que necessita da conversa com o dialético, não o contrário. A ação dos diálogos não cessa de mostrar isso, ainda que com graus de clareza variados; pensemos, por exemplo, no *Laques* e no *Cármides*, em que se busca o mestre apropriado, ou no *Banquete*, em que Sócrates converte-se de amante cortejador em amado cortejado, mas, sobretudo, pensemos na ação da obra principal, que gira unicamente em torno de os outros não quererem "soltar" o dialético[2], porque, sem os pontos de vista dele, não poderiam fazer progressos com as perguntas que os movem. O dialético, por sua vez, nunca depende de um interlocutor determinado, e também o mostra claramente: ele pode suspender a conversação e com a ajuda de um "interlocutor" imaginário dirigi-la para onde quiser.

3) O diálogo tem, portanto, um *condutor* soberano. Por certo, a maestria de Platão na arte da apresentação pode, amiúde, causar a impressão de que Sócrates se subordina com perfeita cortesia às concepções que tem o interlocutor da discussão. Mas isso é obviamente apenas uma aparência preservada por amor à urbanidade; uma observação mais precisa pode sempre

---

2. Cf. supra, p. 142.

mostrar que o dialético tem os fios da conversa em suas mãos. No *Protágoras*, ele impõe ao famoso sofista seu método de perguntas e respostas breves (na disputa sobre métodos, 334 c-338 e); na *República*, ele próprio determina até que ponto os amigos podem pressioná-lo e "forçá-lo". Por fim, a questão da "dominação" é também abertamente expressa na conversa: quando Sócrates repreende Mênon por "dominar", a nítida ironia que há nisso é uma clara indicação de que esse privilégio pode caber apenas a ele[3].

Não existe em Platão uma conversação entre iguais. Na única vez em que faz que se reúnam homens do mesmo formato intelectual[4], no *Timeu*, ele evita o diálogo: Timeu realiza perante Sócrates, Crítias e Hermógenes um monólogo de várias horas. A descrição de uma conversa entre vários dialéticos perfeitos deveria realmente ter sido para um autor com o talento literário de Platão a mais gratificante tarefa. A falta de tal conversa é um enigma sem solução para todos os intérpretes que supõem que Platão quis confiar seu pensamento, em sua totalidade, à escrita e, para esse fim, criou o diálogo como forma literária autárquica. Mas o enigma se resolve sem problemas se tomamos a crítica da escrita como medida: um colóquio entre dialéticos do mesmo nível intelectual teria de ascender rapidamente àquele âmbito da teoria dos princípios que o filósofo reserva intencionalmente para o *auxílio* oral. Se Timeu, por exemplo, tivesse de vir em auxílio de seu "mito" sob as perguntas críticas de um Sócrates, precisaria revelar aqueles "princípios ainda mais altos" que ele cuidadosamente mantém fora de seu discurso (53 d), ou teria de expor a natureza do Demiurgo, que

---

3. *Mênon*, 86 d e (cf. *PSP*, 185 ss.); igualmente, *Eutidemo*, 287 d 6 (ambas as vezes, ἄρχειν = dominar), cf. também *Protágoras*, 351 e 8-11; 353 b 4 (ἡγεμονεῖν = exercer comando).

4. Em *Parmênides*, o jovem Sócrates se encontra com o velho eleata: a ênfase na diferença de idade (*Parmênides*, 127 b c) obriga a ver também nessa conversa uma conversa entre desiguais.

todavia, segundo *Timeu* 28 c, não pode ser comunicada a "todos", isto é, por escrito. Dessa maneira, *Timeu* é o único diálogo sem um condutor da conversa: esses ouvintes não necessitam de nenhuma "condução". Mas é também o único diálogo sem discussão: o intercâmbio dialético de tais participantes na conversação já não seria "para todos".

2) Se comparamos o *Timeu*, que constitui uma exceção, com as demais obras, fica evidente que também lhe falta a vívida e habitual descrição do lugar e do tempo do encontro e do caráter individual dos participantes. Isso não pode ser por acaso: é sabido que no *Fédon* Sócrates diz que é preciso fazer abstração de sua pessoa e prestar atenção apenas na verdade (91 c). A capacidade para isso é, de fato, algo que só se pode adquirir com longo treinamento; a continuação no *Fédon* mostra de maneira suficientemente clara que os ouvintes presentes não seriam capazes disso. É evidente que os ouvintes da exposição de Timeu estão em outro nível: Platão não nos permite ver quase nada da individualidade deles, e o que ele comunica sobre ela não tem nenhuma influência no desenvolvimento da discussão.

Abstrair-se do individual é, portanto, uma tarefa do "aprendiz". A tarefa que se põe ao dialético é outra: seria impossível que ele, em sua busca por interlocutores apropriados, prescindisse desde já das condições e das particularidades individuais *deles* que dificultam para eles – e para cada um de maneira diferente – o acesso à prática filosófica. A meta de uma "retórica" filosoficamente fundada é oferecer a cada alma os "discursos" que lhe são apropriados (*Fedro*, 277 b c). Os diálogos ilustram essa capacidade do dialético.

As figuras apresentadas são, sem exceção, almas "coloridas" (cf. *Fedro*, 277 c 2), isto é, não-equilibradas, não ainda suficientemente purificadas do ponto de vista filosófico. Se o dialético busca o *logos* apropriado a cada uma delas, isso significa que ele não se move na esfera que é sua meta: a esfera do conhecimento puramente conceitual (cf. *República*, 511 b c), que conduz numa linha ascendente ao princípio e, a partir deste, de volta à multiplicidade das Idéias.

Portanto, a forte ênfase no singular e individual nos diálogos nos lembra não somente que devemos nos entregar à "verdadeira filosofia" pessoalmente, como caracteres com estas e aquelas falhas e limitações, mas também que o apenas-individual é algo que a filosofia ajudará a superar em favor de uma busca despersonalizada da verdade, uma busca puramente orientada pelos ὄντα (pela realidade); e, em terceiro lugar, também nos lembra que Platão pretendeu descrever, em seus escritos, *as fases* que *precedem* essa estrita busca dialética da verdade, enquanto essa busca mesma permanece necessariamente reservada à atividade filosófica oral.

1) À luz de tudo isso, o fato de Platão compor *conversações* não pode significar nem que as teses filosóficas podem ser adquiridas apenas no comércio com outras pessoas — muitas vezes o dialético pode fazer maior progresso com personagens imaginários, isto é, consigo mesmo, do que com o interlocutor real[5] —, nem que o diálogo é a única forma legítima de transmitir resultados e teses filosóficos (Timeu também pode se servir da seqüência contínua de argumentos). O estar-no-diálogo como modo de vida tampouco é decisivo, pois justamente a reunião filosófica estendida por um longo período, de fato a vida em comum de que fala a *Carta sétima* (συνουσία, συζῆν, 341 c 6, 7), não pode ser representada no diálogo. Contrariamente às concepções modernas que salientam apenas o processo da condução do diálogo como tal, a Platão interessava a representação do *acordo* (homologia) alcançado no diálogo. A presença da figura superior do dialético, que conhece "a verdade" a respeito de seu objeto, confere seu peso à homologia adquirida em comum. Por mais que falte a fundamentação última, o acordo a

---

5. Naturalmente, a básica dialogicidade do pensamento subsiste como uma conversa da alma consigo mesma (ver acima, p. 43, 161 s.).

que se chega sob a direção de "Sócrates", do "hóspede de Eléia" ou do "Ateniense" não é o falatório vazio de pessoas que, sem nenhuma responsabilidade em relação à verdade, se comprometem hoje com isso e amanhã com aquilo. O que Platão quer criar é a homologia *responsável*. O resultado que o dialético alcança com seus interlocutores é um resultado sobre o qual pessoas racionais *deveriam* concordar. Platão está tão longe de ocultar-se por trás das visões e opiniões de seus personagens e de permanecer "anônimo" com isso que ele é, antes, o infatigável expositor da correta *homologia*, pela qual o leitor *deveria* se orientar. A caracterização do correto como correto por meio da condução da ação e da orientação da simpatia pode — como, por exemplo, no *Górgias* ou no *Fédon* — alcançar um grau de univocidade que não deixa nada a desejar. Continuar falando aqui de "comunicação indireta" seria talvez formalmente defensável, mas objetivamente induziria em erro por completo. Platão não põe as possibilidades do gênero dramático a serviço da máxima ambivalência[6], mas, via de regra, conduz o leitor por meio de passos freqüentemente ambivalentes a um límpido enunciado final[7] e à certeza igualmente clara de que mais fundamentação e recondução a "princípios ainda mais elevados" ficam ainda por vir, mas são necessárias e possíveis.

---

6. Note-se, de passagem, que os diálogos aporéticos também não se comprazem apenas com ambivalências, mas podem ser muito claros em sua rejeição do errôneo e do equivocado.

7. Cf. G. W. F. Hegel, *Vorlesungen über die Geschichte der Philosophie* (in Theorie-Werkausgabe, Frankfurt a. M., 1971, v. 19, 22): "de seus diálogos [de Platão] sua filosofia emerge com total clareza. [...] A diferença de opiniões que se manifesta é examinada; um resultado aparece como o verdadeiro".

## XXV
# COMO E POR QUE A FORMA DIALÓGICA FOI MAL COMPREENDIDA

Num olhar retrospectivo sobre a teoria moderna do diálogo platônico (ver supra, p. 51-57, especialmente p. 52), que atribui ao diálogo escrito a tarefa que Platão reserva à atividade filosófica oral, podemos dizer: essa teoria não apenas é não-platônica no sentido de que não pode se apoiar em nenhum texto de Platão (ver supra, p. 53), como também é antiplatônica no sentido de que infringe o espírito e a letra da crítica da escrita e intencionalmente se faz de surda às contínuas e claras referências de Platão à sua doutrina oral dos princípios.

A moderna teoria do diálogo pratica uma reabilitação da escrita contra a própria crítica da escrita de Platão; em última análise, tenta uma equiparação da escrita com a oralidade no aspecto decisivo da transmissão das "coisas de maior valor" (τιμιώτερα) do filósofo.

Todavia, a reabilitação do diálogo escrito é alcançada apenas por uma série de metáforas. O fato de o diálogo "buscar", ele próprio, seu leitor não significa o mesmo que quando Platão diz sobre o dialético que este seleciona para si uma "alma apropriada" para filosofar (λαβὼν ψυχὴν προσήκουσαν, *Fedro*, 276 e 6): pois isto significa uma escolha ativa, enquanto a "busca" no livro-diálogo significa apenas que alguns leitores, tomados de tédio, põem de lado o livro e outros não. Isso, entretanto, não confere um estatuto particular ao diálogo (isso também se aplica aos informes da Bolsa de Valores). Ou que, quando uma pessoa inapropriada lê o diálogo, este "se cala" pelo "ocultamento" de sua camada mais profunda — eis uma mera metáfora do simples fato de que nem todo leitor apreende todas as referências de sentido; de forma correspondente, a "resposta" do diálogo e o "auxílio" que ele pretensamente é capaz de prestar a si mesmo são somente uma metáfora de que a compreensão do leitor pode aumentar com o tempo. Mas isso tampouco é diferente em outras formas do uso da escrita.

Platão não pensa na escolha do interlocutor, na possibilidade de retenção e silêncio ou no "auxílio" como coisas que ocorrem passivamente ao *logos* do filósofo no âmbito da recepção, mas como modos de conduta com os quais o dialético determina ativamente a conversa. Portanto, fica descartada a reinterpretação metafórica relativa ao diálogo escrito. A intenção de reabilitar uma forma específica do uso da escrita (por exemplo, os próprios diálogos) seria para Platão uma idéia sem sentido — tendo em conta o alvo geral da crítica da escrita. Ele opõe à escrita, que apreende em termos gerais, o filosofar oral, não o livro dialógico, que supostamente gozaria de uma posição especial. Uma posição especial desse tipo não existe para Platão: *nenhum* livro pode oferecer novas respostas a novas perguntas, pois o texto está fixado de uma vez por todas e "diz sempre a mesma coisa" (*Fedro*, 275 d 9).

A posição especial atribuída ao diálogo não apenas carece de qualquer apoio em reflexões *de Platão* sobre um uso filosófico da escrita, mas *objetivamente considerada* é, além de tudo, extremamente discutível. Somente o diálogo — eis a teoria moderna — deve se isentar do veredicto da crítica da escrita. Mas, admitindo a interpretação metafórica, rapidamente se vê que muitas outras formas de exposição escrita "escolhem, elas mesmas, seus leitores", porque "se calam" para os não-apropriados, e que elas "nem sempre dizem a mesma coisa" às perguntas. Quem negaria essa capacidade (metafórica) à lírica de Hölderlin, aos romances de Dostoiévski ou de Umberto Eco, ao romance pastoral de Longus, aos dramas de Eurípides ou até mesmo à profunda obra histórica de Heródoto?[1] Deve-se também mencionar aqui Teógnis e Píndaro, que dizem claramente que seus versos têm a mensagem correta à disposição apenas dos qualificados para ela[2]. Se a reinterpretação metafórica fosse legítima, todos os autores que produzem essas obras escritas "ativas" deveriam subitamente se tornar filósofos, e toda a crítica da escrita perderia seu sentido crítico, pois haveria mais exceções do que casos que se conformam à regra.

Sem dúvida, Platão também esperou ter o leitor "certo" — mas isso também se pode dizer de outros poetas e escritores, que para ele não mereceriam o nome de *philosophos*. E também, sem dúvida nenhuma, Platão se serviu da "comunicação indireta" e passou várias informações por meio de alusões — mas, fazendo isso, ele também se encontrava apenas no círculo dos autores não-filosóficos. Todavia, a crítica da escrita diz de maneira inequívoca que o *philosophos* se distingue de outros autores precisamente por sua relação com a escrita. Como *philosophos*, Platão abandona a prática habitual ao se abster conscientemente de confiar tudo à escrita, mesmo que de forma cifrada, e reservar para a oralidade as "coisas de maior valor" em sua teoria dos princípios como um auxílio às suas obras. Mas as

---

1. Com razão, críticos literários descrevem uma série de autores com conceitos que a concepção moderna de Platão pretendeu reservar para o diálogo platônico. Reuni algumas provas em *PSP*, 359, nota 40 (com complementos também em *Platone e la scrittura della filosofia*, Milano, ³1992, 448, nota 40).

2. Teógnis 681-682; Píndaro, *Olímpicas* 2.83-86. Cf. sobre isso Gregory NAGY, Homerische Epik und Pindars Preislieder. Mündlichkeit und Aktualitäsbezug, in Wolfang RAIBLE (ed.), *Zwischen Festtag und Alltag. Zehn Beiträge zum Thema 'Mündlichkeit und Schriftlichkeit*, Tübingen, 1988, 51-64, esp. 52-53.

técnicas da "comunicação indireta" permanecem para ele simplesmente um meio subsidiário da comunicação filosófica que, por princípio, não é apto a substituir o esoterismo oral, pois com ele não se pode alcançar a "clareza e a certeza" do conhecimento que o filósofo alcança na discussão dialética.

Retornando à expressiva metáfora de Ludwig Wittgenstein nas *Vermischten Bemerkungen* (ver supra, p. 51-52): Platão não rejeitou a idéia de colocar nas "portas" de seus "cômodos" "fechaduras" que deveriam chamar a atenção de apenas certos leitores e poderiam ser abertas apenas por eles. No entanto, esse tipo de segurança, que de Teógnis a Wittgenstein, e para além deste, foi e é habitual, não lhe bastava: além das "fechaduras", ele afixa sinais indicadores, claramente visíveis para todos, sinais que, sem segredos nem "sentido oculto", dizem que, além dos "cômodos" dos diálogos, há outros espaços aos quais terá acesso apenas quem estiver preparado a se submeter ao esforço do "caminho mais longo" da dialética oral.

Finalmente resta perguntar como se pôde chegar aos mal-entendidos descritos, que agora vão aos poucos cedendo lugar a uma nova imagem de Platão.

Um fator que os favoreceu foi a tendência compreensível e muito difundida, mas em última análise ingênua, de assimilarmos os grandes do passado às concepções de nossa própria época. Visto que para a modernidade desde o iluminismo a vitória da abertura ilimitada na transmissão do saber está estabelecida e, com isso, o esoterismo já não é uma opção possível, quis-se reencontrar essa nova atitude também em Platão. É contra esse pano de fundo que se explica a incapacidade geral dos séculos XIX e XX de levar a sério a crítica à escrita e aplicá-la aos próprios diálogos.

Mais particularmente, os mal-entendidos foram favorecidos por alguns preconceitos resistentes a respeito da posição contrária: a consideração da teoria dos princípios conduziria, segundo se pensou, a uma "depreciação" dos diálogos ou a um Platão "dogmático", ou ainda a uma "doutrina secreta". No entanto, a "depreciação", como vimos antes, vem do próprio Platão e, de qualquer modo, não pode ser compartilhada por nós, já que não podemos ter a filosofia oral em sua forma original. É incompreensível por que Platão teria sido mais dogmático na discussão oral dos princípios do que, por exemplo, na doutrina da alma, tal como a possuímos nos diálogos. Não precisamos temer uma doutrina secreta: Platão não considerava secretos seus pensamentos sobre os princípios (ἀπόρρητα), mas "não-comunicáveis prematuramente" (ἀπρόρρητα, ver p. 105). Como os preconceitos usuais têm impedido uma compreensão dessa distinção platônica, tentarei explicá-los com mais detalhes.

# XXVI
# A DIFERENÇA ENTRE ESOTERISMO E A OBSERVÂNCIA DO SEGREDO

Não se pode compreender inteiramente a obra literária filosófica de Platão enquanto não se entende a diferença entre esoterismo e a observância do segredo. A diferença fica clara por uma comparação entre a *Carta sétima*, transmitida até nós sob o nome de Platão, e a tradição pitagórica a respeito da profanação de determinadas doutrinas da seita.

Aristóteles e Aristóxeno atestam que a observância do segredo era característica dos primeiros pitagóricos[1]. Contou-se mais tarde que um membro do grupo, Hipaso (ou Hiparco), foi o primeiro a quebrar o silêncio e tornar acessível a todos uma descoberta matemática de Pitágoras. A reação do grupo foi excluir Hipaso e erigir para ele um túmulo: doravante ele estava "morto" para os outros pitagóricos. Mas, como punição a seu delito, uma divindade o fez se afogar no mar[2].

Tendo ou não um núcleo verdadeiro, essa história mostra em todo caso o que a observância do segredo significa. A divindade, diz-se, teria aplicado a punição justa. Isso só pode signi-

---
1. Aristóteles, frag. 192 Rose; Aristoxeno, frag. 43 Wehrli.
2. Hermann DIELS, Walter KRANZ, *Die Fragmente der Vorsokratiker* I, 6. ed., 108 (= *DK* 18.4)

ficar que os pitagóricos se comprometiam por juramento a não profanar o saber comum (sem um vínculo religioso, os deuses não precisariam intervir). O fato de banir o apóstata declarando-o morto deve ter sido, enquanto o poder político da seita se mantinha intacto, uma sanção eficaz. O motivo da proscrição dificilmente foi a preocupação com a recepção adequada do conteúdo do saber a ser retido: tratava-se, com efeito, de um teorema matemático, ou seja, de uma forma de conteúdo que pode facilmente ser transmitido sem considerar a disposição interna do receptor. Tratava-se primariamente, é óbvio, do privilégio do saber. Por isso, não surpreende o fato de terem imputado simpatias democráticas a Hipaso[3]: quem profana o saber que dá privilégio é evidentemente considerado destruidor do poder da seita também em outros aspectos.

Comparemos com isso a atitude que se pode observar na *Carta sétima* (se essa carta é autêntica ou não é tão indiferente aqui quanto o possível núcleo histórico da história de Hipaso: trata-se aqui somente da diferença entre duas atitudes básicas muitas vezes injustamente confundidas).

Dionísio não é repreendido por ter violado um juramento. Tampouco Platão implora o castigo dos deuses para ele; nem sequer pensa em proscrever sua memória no círculo de amigos filosóficos e políticos na Academia e em Siracusa. Pelo contrário, ele fala de Dionísio positivamente e se nega a apoiar a guerra contra ele (338 d 6; 340 a; 350 c d). Subsiste, porém, uma reprovação, que é de grande peso: Dionísio resolveu-se a difundir em forma de livro o que tinha ouvido de Platão numa lição privada sobre os objetivos últimos de sua especulação filosófica; seu motivo só pode ter sido a "odiosa ambição" (344 e 2); em contraposição a Platão (344 d 7), Dionísio não sentia nenhum "respeito" pelos objetos tratados e não hesitou em difundir coisas cuja compreensão só pode ser alcançada após longa

---

3. Jâmblico, *De Vita Pythagorica* 257 (= DK 18.5).

preparação filosófica e cuja formulação está exposta no mais alto grau ao perigo do mal-entendido e da desfiguração por receptores não-filosóficos ou até mesmo mal-intencionados. Platão não se preocupa, portanto, com o poder e a influência da Academia; em contrapartida lhe são dolorosas a má interpretação de seus interesses filosóficos e a possibilidade do rebaixamento de coisas de cujo valor objetivo ele está profundamente convencido. Sua reação à publicação dos fragmentos de sua filosofia oral por Dionísio não é indignação moral, mas uma indizível decepção humana.

O contraste entre as duas atitudes básicas torna-se agora claramente compreensível: a *observância do segredo* se apóia na coação. Quem o infringe infringe seu juramento e se expõe às sanções da seita a que pertencia até então. A observância do segredo pretende conservar um saber que privilegia o grupo que o possui para manter a força deste: o saber mantido em segredo é, portanto, um meio para um fim.

O *esoterismo* é um ditame da razão, não o resultado da coação por um de grupo. Quem infringe a retenção não se expõe a nenhum tipo de sanção, nem prejudica a comunidade, mas o objeto em questão: o pensamento sobre os princípios, tão rico em pressupostos, não pode desenvolver seu efeito positivo se é erroneamente recebido por falta de preparação adequada. O saber filosófico não é um meio para um fim, mas um fim em si mesmo, e deveria, por isso, ser transmitido apropriadamente, com a circunspecção necessária, não mecanicamente. Em suma: o esoterismo tem relação com o objeto, a observância do segredo com o poder.

Da perspectiva do século XX, essa diferença poderia, apesar de tudo, parecer sem importância: poder-se-ia insistir que a única coisa relevante é que, em ambas as atitudes básicas, se maneja restritivamente a transmissão do saber. Deve-se responder a isso que a perspectiva unilateral do século XX não pode ser obrigatória para a avaliação de Platão. Nossa convicção moderna de que é desejável que toda investigação e todo conhecimento encontrem uma difusão ilimitada é um fenômeno historicamente recente: ele começou a prevalecer apenas no século XVII e veio a se impor definitivamente na subseqüente época do iluminismo e da fé no progresso. A *Carta sétima*, em contrapartida, não considera apropriado disseminar a filosofia oral de Platão para todos indiscriminadamente (341 e 1-2). A concordância com o ponto de vista da crítica da escrita (*Fedro*, 275 e 1-3) é clara. Seria totalmente anti-histórico insinuar que Platão aceitaria a opção moderna em favor da publicidade por princípio. Descartada essa visão, a diferença entre as duas formas de transmissão "restritiva" do saber torna-se tanto mais importante. Além disso, se pensarmos na importância que a decisão livre, ditada pela razão, tem no pensamento de Platão, não hesitaremos em atribuir também à diferença entre esoterismo e observância do segredo uma importância fundamental.

## XXVII
# O CONCEITO DE FILOSOFIA EM PLATÃO E A FINALIDADE DOS DIÁLOGOS

A tendência de assimilar Platão, a qualquer preço, aos hábitos de pensamento modernos não se deteve também perante seu conceito de filosofia. Não poucos intérpretes quiseram redescobrir nele o infinitismo do romantismo alemão. Segundo esta interpretação, a filosofia para Platão era um estar-a-caminho infinito do pensamento, uma aspiração e uma busca perpétuas que, de fato, nunca chegam a um fim último; o filósofo não tem nada a apresentar que não ponha imediatamente em questão; conseqüentemente, as proposições filosóficas são sempre proposições provisórias, e a verdade filosófica, sempre uma verdade revogável.

Hoje sabemos, especialmente pelos trabalhos sistemáticos e históricos de Hans Krämer e Karl Albert, que essa concepção não corresponde de modo algum ao conceito de filosofia de Platão[1].

Em toda a sua obra, Platão apresenta a dialética não como uma visão utópico-irreal de um modo de conhecimento diferente e sobre-humano, mas como uma possibilidade real, como um

---

1. Hans KRÄMER, *Platone e i fondamenti della metafisica*, Milano, 1982; ID., Fichte, Schlegel und der Infinitismus der Platondeutung, *Deutsche Vierteljahrsschrift für Literaturwissenschaft und Geistesgeschichte* 62 (1988), 533-621; Karl ALBERT, *Über Platons Begriff der Philosophie*, St. Augustin, 1989.

caminho transitável que conduz a uma meta alcançável. Chegada a essa meta e "fim da peregrinação", a alma encontra descanso dos esforços da busca (cf. *República*, 532 e). Essa meta é a Idéia do bem, que é cognoscível para o *nous* humano, assim como seu análogo na esfera sensível, o sol, é visível para o olho humano (*República*, 516 b; 517 b c). Deus pode conhecer os princípios, como também o pode o homem que está perto dele, isto é, o filósofo (*Timeu*, 53 d). No conhecimento dos princípios e das Idéias ocorre, portanto, a "assimilação a Deus", que é o propósito ao mesmo tempo ético e ontológico do ser humano (cf. *República*, 500 c; 613 b; *Teeteto*, 176 b; *Fedro*, 253 b; *Timeu*, 90 d; *Leis*, 716 c). O conhecimento das Idéias é um conhecimento estável, ἐπιστήμη, e a ἐπιστήμη "liga firmemente" o que é correto a fundamentos, ela o torna duradouro (*Mênon*, 98 d) e dessa maneira o preserva de questionamentos e reformulações incessantes. Mas a assimilação a Deus naturalmente não suprime a diferença ontológica entre homem e Deus. A diferença não consiste em que o homem não chegaria ao decisivo conhecimento das Idéias e do princípio — *Banquete*, 210 e; *Fedro*, 249 c; *Fédon*, 107 b também falam sobre o alcance da meta —, mas em que o homem só pode permanecer temporariamente no conhecimento que constitui a essência de Deus e não cessa de novamente submergir em sua ocupação com o não-essencial. Por isso, Eros encarna a essência da filosofia: Eros certamente alcança aquilo a que aspira, mas o que ele alcança volta a lhe escapar (*Banquete*, 203 e)[2].

O discurso filosófico está sempre exposto ao perigo do malentendido; os diálogos não cessam de oferecer exemplos disso. O conhecimento das Idéias nunca é adquirível pela força. Os objetos do conhecimento são muito desiguais: o incorpóreo como "o mais belo e mais importante" é, por certo, de uma categoria ontológica superior, porém o mais difícil de conhecer (*Político*, 285 d 10-286 b 2). Nesse âmbito, há igualmente diferenças de categoria (*República*, 485 b 6); de acordo com o mito da caverna, é com a proximidade

---

2. Cf. a esse respeito ibid., 20-30, esp. 27.

ontológica que a dificuldade de conhecer chega ao ápice (*República*, 515 c 4; 517 b 7). E quanto mais o pensamento se aproxima do difícil conhecimento dos princípios tanto menos se pode contar com uma comunicação desimpedida. A escrita jamais alcança o grau de "clareza e solidez" do conhecimento que é irrenunciável para o dialético precisamente no reino dos ἀρχαί.

A conseqüência que Platão tirou disso é que o filósofo faz bem em não confiar seu pensamento, em toda a sua amplitude, à escrita. Seu motivo para essa retenção é a responsabilidade em relação ao que a "divina" filosofia representa. Se Platão apela à consciência do escritor (*Fedro*, 276 b c; cf. *Epístolas*, 7, 343 a; 344 c d), é que pensa numa decisão livre: o reservado é portanto comunicável no terreno dos princípios também pelo que respeita à escrita. Visto sob esse ponto de vista do conteúdo, isso constitui "o de maior valor", quer dizer, as fundamentações extraídas dos "princípios ainda mais elevados".

Os diálogos, portanto, não pretendem ser a apresentação completa de toda a filosofia de Platão. Tampouco revelam a cada vez o último estágio de seu pensamento. Mas o que mostram é algo infinitamente valioso: mostram caminhos para a filosofia que são buscados e percorridos por seres humanos acometidos de defeitos e limitações como as nossas. Por sua vivacidade próxima da vida, os diálogos desenvolvem uma incomparável força protréptica, isto é, uma força que se volta para a filosofia. Mas o aspecto protréptico não é tudo: não vivenciamos apenas a aspiração à filosofia e a irrupção nela, mas também passos significativos no caminho da filosofia em direção dos princípios. A atividade protréptica é inseparável da discussão de coisas mais importantes, pois é precisamente o peso temático das "coisas de maior valor" que tem o efeito protréptico mais forte. Elas devem, portanto, ser mostradas de alguma maneira, ainda que sob a consideração das limitações que a crítica da escrita impõe ao uso que o filósofo faz da exposição escrita.

Por conseguinte, os diálogos devem ser lidos como fragmentos da filosofia de Platão que apontam para além de si mesmos.

Mas a forma deve ser considerada essencial para o conteúdo. Por isso, os diálogos devem ser lidos como *dramas*: como peças com uma ação contínua e uma constelação de personagens cuidadosamente pensada. A ação não cansa de mostrar que o ensinamento filosófico não está disponível a esmo, pronto como uma mercadoria para qualquer comprador, mas é concedido apenas de acordo com o grau de maturidade intelectual e moral do receptor; em segundo lugar, a ação mostra que apenas um tipo, a saber, o representante da filosofia das Idéias, é capaz de elevar o nível de argumentação na seqüência de "auxílios" e de passar no teste do filósofo. Isso resulta na constelação de personagens sempre igual, mas nunca tediosa: o dialético, como um homem com uma superioridade filosófica inalcançável, confronta-se com pessoas que podem ser desprovidas de talento ou bastante talentosas, mas que em todo o caso ainda são pouco desenvolvidas, ainda insuficientemente avançadas. Nesse desequilíbrio, o dialético deve se fazer o condutor da conversa; ele conduz os interlocutores às homologias (concordâncias) apropriadas ao estágio de conhecimento deles. A univocidade da constelação de personagens é uma garantia de que as homologias alcançadas não são arbitrárias nem irrelevantes, mas exemplares — isto é, são as melhores que podem ser alcançadas nessas condições determinadas. O que finalmente aparece como consolidado pelas homologias, após vários desvios, deve ser levado a sério como informação válida aos olhos do autor. Mas também é preciso levar a sério as passagens de retenção, que não têm a categoria de observações ditas à parte, mas são introduzidas no curso da ação de modo que determinem sua estrutura: chamam a atenção para o fato de que o líder da conversa poderia conduzir a outras homologias, mais profundamente fundamentadas.

Assim, por meio de sua técnica literária coerentemente sustentada, os diálogos remetem à filosofia oral de Platão. E, justamente por isso, revelam ser obras de um *philosophos* no sentido da crítica da escrita.

# REFERÊNCIAS BIBLIOGRÁFICAS

ALBERT, Karl. *Über Platons Begriff der Philosophie* (Beiträge zur Philosophie I), St. Augustin, 1989.
BAUDY, Gerhard J. *Adonisgärten. Studien zur antiken Samensymbolik* (Beiträge zur klassischen Philologie 176), Frankfurt a. M., 1986.
CERRI, Giovanni. *Platone sociologo della communicazione*, prefazione di Bruno Gentili, Milano, 1991.
CHERNISS, Harold. *Aristotle's Criticism of Plato and the Academy*, Baltimore 1944, ²1946.
"Derveni-Papyrus": Der orphische Papyrus von Derveni", in: *Zeitschrift für Papyrologie und Epigraphik* 47, 1982, após p. 300.
DIELS, Hermann/ Kranz, Walther: *Die Fragmente der Vorsokratiker*, 3 vols. (I e II: Berlin, ⁶1951, reimp. 1992; III: ⁶1952, reimp. 1990.)
EDELSTEIN, Ludwig. "Platonic Anonymity", in: *American Journal of Philology* 83, 1962, 1-22.
ERLER, Michael. Hilfe und Hintersinn. Isokrates' Panathenaikos und die Schriftkritik im Phaidros, in: *Understanding the Phaedrus. Proceedings of the II Symposium Platonicum*, ed. Livio Rossetti (International Plato Studies I), St. Augustin, 1992.
_____. *Der Sinn der Aporien in den Dialogen Platons. Übungsstücke zur Anleitung im philosophischen Denken* (Untersuchungen zur antiken Literatur und Geschichte 25), Berlin-New York, 1987.
FRIEDLÄNDER, Paul. *Platon*, 3 vols. (I e II: Berlin ³1964, III: ³1975).

GADAMER, Hans-Georg. *Die Idee des Guten zwischen Plato und Aristoteles* (Sitzungsberichte der Heidelberger Akademie der Wissenschaften, Philos.-histor. Klasse 1978, 3), Heidelberg 1978.

_____. *Platos dialektische Ethik. Phänomenologische Interpretationen zum Philebos*, Leipzig, 1931.

_____. *Wahrheit und Methode. Grundzüge einer philosophischen Hermeneutik*, Tübingen, 1960, ²1965.

GAISER, Konrad. *Platone come scrittore filosofico. Saggi sull'ermeneutica dei dialoghi platonici*, prefácio de Marcello Gigante (Istituto Italiano per gli Studi Filosofici. Lezioni della Scuola di Studi Superiori in Napoli 2), Nápoles, 1984.

_____. *Platons ungeschriebene Lehre. Studien zur systematischen und geschichtlichen Begründung der Wissenschaften in der Platonischen Schule*, Stuttgart, 1963, ²1968.

GRISWOLD, Jr., Charles L. *Self-Knowledge in Plato's Phaedrus*, New Haven-London, 1986.

HEGEL, Georg Wilhelm Friedrich. *Werke* (Theorie-Werkausgabe), 21 vols., Frankfurt a. M., 1970 ss.; 19: *Vorlesungen über die Geschichte der Philosophie 2*, Frankfurt a. M., 1971.

KEULEN, Hermann. *Untersuchungen zu Platons "Euthydem"* (Klassisch-Philologische Studien 37), Wiesbaden 1971.

KRÄMER, Hans Joachim. *Arete bei Platon und Aristoteles. Zum Wesen und zur Geschichte der platonischen Ontologie* (Abhandlungen der Heidelberger Akademie der Wissenschaften, Philos.-histor. Klasse, 1959, 6), Heidelberg, 1959, Amsterdam, ²1967.

_____. Fichte, Schlegel und der Infinitismus in der Platondeutung, in: *Deutsche Vierteljahrsschrift fur Literaturwissenschaft und Geistesgeschichte* 62, 1988, 583-621.

_____. *Platone e i fondamenti della metafisica. Saggio sulla teoria dei principi e sulle dottrine non scritte di Platone con una raccolta dei documenti fondamentali in edizione bilingue e bibliografia*, introdução e tradução de Giovanni Reale (Pubblicazioni del Centro di Ricerche di Metafisica. Sezione di metafisica del Platonismo nel suo sviluppo storico e nella filosofia patristica. Studi e testi 1), Milano, 1982, ³1989.

LANATA, Giuliana. *Poetica pre-Platonica. Testimonianze e frammenti*, texto, tradução e comentário de G. L. (Biblioteca di Studi Superiori. Filosofia Antica 43), Firenze, 1963.

LUTHER, Wilhelm. Die Schwäche des geschriebenen Logos. Ein Beispiel humanistischer Interpretation, versucht am sogenannten Schriftmythos in Platons Phaidros (274 B 6 ss.), in: *Gymnasium* 68, 1961, 526-548.

MERKELBACH, Reinhold. *Platons Menon*, Frankfurt a. M., 1988.

MERLAN, Philip. *From Platonism to Neoplatonism*, Haia, 1953, ³1968.

MERTON, Robert King. *The Sociology of Science. Theoretical and Empirical Investigations*, editado e introduzido por Norman W. Storer, Chicago-London, 1973.

MÜLLER, Gerhard. Die Mythen der platonischen Dialoge, in: *Nachrichten der Gießener Hochschulgesellschaft* 32, 1963, 77-92 (= id.: *Platonische Studien*, eds. Andreas Graeser und Dieter Maue [Bibliothek der klassischen Altertumswissenschaften, N. F. 2. Reihe 76], Heidelberg, 1986, 110-125).

NAGY, Gregory. Homerische Epik und Pindars Preislieder. Mündlichkeit und Aktualitätsbezug, in: Wolfgang Raible (ed.), *Zwischen Festtag und Alltag. Zehn Beiträge zum Thema 'Mündlichkeit und Schriftlichkeit'* (ScriptOralia 6), Tübingen, 1988.

REALE, Giovanni. *Per una nuova interpretazione di Platone. Rilettura della metafisica dei grandi dialoghi alia luce delle "Dottrine non scritte"* (Pubblicazioni del Centro di Ricerche di Metafisica. Sezione di metafisica del Platonismo... Studi e testi 3), Milano, ¹⁰1991 (*Para uma nova interpretação de Platão. Releitura dos grandes diálogos à luz das doutrinas não escritas*, trad. M. Perine, São Paulo: Loyola, 1997, 2ª ed. 2004).

ROBIN, Léon: *La théorie platonicienne des idées et des nombres d'après Aristote. Étude historique et critique*, Paris, 1908 (reimp. Hildesheim, 1963).

ROSE, Valentin. *Aristotelis qui ferebantur librorum fragmenta*, collegit V. R., Stuttgart, 1886, reimp. 1967.

ROSS, William David. *Aristotelis fragmenta selecta*, recognovit brevique adnotatione instruxit W. D. R., Oxford, 1955, reimp. 1970.

_____. *Aristotle's Metaphysics*, texto revisado com introdução e comentário de W. D. R., 2 vols., Oxford, 1924.

_____. *Plato's Theory of Ideas*, Oxford, 1951, reimp. 1976.

SCHAERER, René. *La question platonicienne. Étude sur les rapports de la pensée et de l'expression dans les dialogues* (Mémoires d'Université de Neuchâtel 10), Paris-Neuchâtel, 1938, ²1969.

SCHLEIERMACHER, Friedrich. *Platons Werke*, Berlin, 1804 ss., ²1817 ss.; I.1: 1804, ²1817.

STEIN, Heinrich v. *Sieben Bücher zur Geschichte des Platonismus. Untersuchungen über das System des Plato und sein Verhältnis zur späteren Theologie und Philosophie*, 3 partes, Göttingen, 1862/1864/1875, reimp. Frankfurt a. M., 1965.

SZLEZÁK, Thomas Alexander. Die Lückenhaftigkeit der akademischen Prinzipientheorien nach Aristoteles' Darstellung in Metaphysik M und N, in: Andreas Graeser (ed.), *Mathematics and metaphysics in Aristotle. Mathematik und Metaphysik bei Aristoteles. Akten des X. Symposium Aristotelicum Sigriswil*, 6-12. setembro 1984 (Berner Reihe philosophischer Studien 6), Bern-Stuttgart, 1987, 45-67.

_____. *Platon und die Schriftlichkeit der Philosophie. Interpretationen zu den frühen und mittleren Dialogen*, Berlin-New York 1985 (= PSP); (com complementos: id., *Platone e Ia scrittura della filosofia*, Milano, ³1992).

_____. Sokrates' Spott über Geheimhaltung. Zum Bild des φιλόσοφος in Platons *Euthydemos*, in: *Antike und Abendland* 26, 1980, 75-89.

_____. Unsterblichkeit und Trichotomie der Seele im zehriten Buch der Politeia, in: *Phronesis* 21, 1976, 31-58.

TENNEMANN, Wilhelm Gottlieb: *System der Platonischen Philosophie*, 4 vols., Leipzig, 1792-1795.

VLASTOS, Gregory. Recensão de Krämer, *Arete bei Platon und Aristoteles* (1959), in: *Gnomon* 35, 1963, 641-655.

WEHRLI, Fritz. *Die Schule des Aristoteles. Texte und Kommentar*, ed. de F. W., 10 cadernos, Basel, 1944 ss., reimp. Basel-Stuttgart 1967/1968 (dois volumes suplementares 1974 e 1978); 2: *Aristoxenos*, 1945, ²1967.

WILPERT, Paul. *Zwei aristotelische Frühschriften über die Ideenlehre*, Regensburg, 1949.

WITTGENSTEIN, Ludwig. *Vermischte Bemerkungen. Eine Auswahl aus dem Nachlaß*, ed. Georg Henrik v. Wright, com colaboração de Heikki Nyman (Bibliothek Suhrkamp 535), Frankfurt a. M., 1977.

# ÍNDICE DE AUTORES CITADOS

**Aristóteles**
*Fragmentos* (ed. Rose)
frg. 192 p. 179

Περὶ τἀγαθοῦ (*Peri tagathou*, in: *Ar. fragm. sel.*, ed. Ross)
frg. 2 p. 108

*De anima*
402 a 1-4 p. 90

*Metafísica*
983 a 5-7 p. 90
987 b 14-18 p. 122
1026 a 21 p. 90
1028 b 19 p. 122
1074 b 21 p. 90
1091 b 13-15 p. 112

*Ética a Nicômaco*
1100 a 32-b 22 p. 84
1100 b 6 p. 84
1101 b 11 p. 90
1102 a 4 p. 90
1102 a 20 p. 90
1141 a 20 p. 90
1141 b 3 p. 90
1178 a 1 p. 90

*De partibus animalium*
644 b 25 p. 90
644 b 32 p. 90

**Aristóxeno**
*Fragmentos* (ed. Wehrli)
frg. 43 p. 179

**Eurípides**
As bacantes
272 ss. p. 60

**Heráclito**
*Fragmentos* (ed. Diels-Kranz)
22 B 42 p. 60
22 B 93 p. 135

## Hipaso
*Fragmentos* (ed. Diels-Kranz)
18.4 p. 179
18.5 p. 180

## Isócrates
*Panatenaico* (= 12° Discurso)
12.236 p. 61
12.240 p. 61
12.240 ss. p. 61
12.265 p. 61

## Píndaro
*Olímpicas*
2.83-86 p. 175

## Platão
*Cármides*
155 e p. 34
155 e 8 p. 107
156 a p. 141
157 b 1-c 6 p. 107
157 b-c p. 142
161 c-d p. 62
162 a p. 62
163 d p. 98
169 a p. 77
174 b p. 30
174 b-c p. 107

*Cartas*
VII, 338 d 6 p. 180
VII, 340 a p. 180
VII, 341 c 6-7 p. 171
VII, 341 e 1-2 p. 182
VII, 343 a p. 185
VII, 344 a p. 136
VII, 344 b 5 p. 23
VII, 344 c d p. 185
VII, 344 d 7 p. 180
VII, 344 e 2 p. 180
VII, 350 c d p. 180

*Eutidemo*
275 d 3-276 c 7 p. 125
275 d 4 p. 125
276 d 7-277 c 7 p. 126
287 d 6 p. 169
289 c 7 p. 127
289 d 2 p. 127
289 d 8-e 1 p. 128
289 e 1 p. 128
290 c d p. 127
290 e p. 144
291 a 4 p. 144
293 a 1-3 p. 100
293 a 2 p. 100
293 b-e p. 126
294 a-e p. 126
294 e-296 d p. 126
295 b 4 p. 127
298 b-e p. 126
301 a 2-4 p. 127
301 a 4 p. 127
301 a 5 p. 127
304 b p. 31

*Eutífron*
3 d p. 30
11 b p. 30

14 c p. 30
15 e p. 30

## Górgias

462 a 2 p. 98
482 c-486 d p. 21
489 e p. 116
491 c-e p. 116
491 d 8 p. 116
491 e-492 c pgs. 22, 115
492 a 2 p. 115
492 e 8-493 c 3 p. 115
493 a p. 42
493 a 3 p. 115
493 a 7 p. 115
493 a ss. p. 22
493 b 1 p. 115
493 c d p. 116
494 b ss. p. 23
497 c p. 22, 116
499 b-c p. 30
513 c p. 22
523 a p. 158
523 b-524 a p. 158
526 c 3-4 p. 158

*Hípias maior*

286 d 7 p. 99
291 e 5 p. 99
300 b ss. p. 99
300 c d p. 30
304 d 4 p. 162

*Hípias menor*

370 e p. 30

372 e 1 p. 99
372 e 6-7 p. 99
373 b p. 4 p. 30

*Íon*

541 e p. 30

*Crátilo*

383 b-384 a p. 30
400 d ss. p. 63
427 d-e p. 30

*Críton*

49 a p. 42

*Lísis*

218 a p. 125
219 c-d p. 106

*Mênon*

80 d s. p. 126
81 a p. 42
81 c 9 p. 126
81 c d p. 126
85 d-86 b p. 126
86 d-e p. 169
87 b-c p. 98
98 a 7 p. 89
98 d p. 184

*Leis*

713 c p. 122
716 c p. 184
890 d 4 p. 97
891 a p. 96
891 a 5-7 p. 96, 97
891 b-899 c p. 97

891 b 3-4 p. 97
891 b 4-6 p. 97
891c 2-3 p. 97
891 d 7-e 1 p. 97
891 e 5-6 p. 97
893 a ss. p. 162
894 a p. 132
894 a 1-8 p. 132
951 d-952 b p. 32
961 a b p. 32
968 d e p. 32
968 e p. 105
968 e 4-5 p. 105

*Parmênides*
127 b-c p. 169
135 d 7 p. 48
136 d 1-137 a 6 p. 74
137 b-c p. 48

*Fédon*
66 b 3-67 b 2 p. 163
75 a-b p. 62
80 a 3 p. 71
84 c-88 b p. 94
88 d 9-e 3 p. 94
91 c p. 170
95 e 9-96 a 1 p. 95
96 a p. 95
99 d ss. p. 95
99 d-107 b p. 103
100 b 5 p. 42
101 d-e p. 89
101 e p. 83
102 a p. 95
105 b ss. p. 95
107 b p. 95

*Fedro*
229 c-230 a p. 63
230 e-234 c p. 69
234 e-236 b p. 87
235 b p. 88
236 b p. 88
237 b-241 d p. 69
243 e-257 b p. 69
245 c 1-2 p. 156
245 c 5-246 a 2 p. 156
246 a p. 71, 74, 113, 114
246 a 4-6 p. 113
246 a ss. pgs. 103, 114, 156
247 c ss. p. 105
247 d-e p. 103
249 b p. 126
249 c p. 184
250 b 2 p. 89
253 b p. 184
266 c 1 p. 70
266 d-269 c p. 70
270 c p. 113
270 d p. 114
270 d 1-7 p. 114
271 d p. 114
273 d-274 a p. 114
273 e p. 114
273 e 4-5 p. 114
273 e 7-8 p. 114
274 a p. 114
274 a 2 p. 74

274 b-278 e p. 69
274 b 9 p. 71
274 c-275 b p. 156
274 e-275 c p. 72
274 e 5 p. 71
275 a 7 p. 72
275 b c p. 156
275 c 6 p. 62
275 c 6-7 p. 135
275 d 4-9 p. 76
275 d 9 p. 174
275 d e p. 105
275 e p. 50
275 e 1-3 p. 182
275 e 2-3 p. 76
275 e 3-5 p. 76
276 a p. 93
276 a 5 p. 166
276 a 6-7 p. 76
276 a 7 p. 84
276 a 8 p. 92
276 a 8-9 p. 62
276 b p. 73
276 b-277 a p. 72
276 b 2 p. 74
276 b 6 p. 74
276 b 7 p. 75
276 b c p. 84
276 c-277 a p. 74
276 c 3 p. 82
276 c 3-4 p. 92
276 c 3-9 p. 75
276 c 9 p. 74
276 d p. 11

276 d 1-4 p. 49
276 d 3 p. 77
276 d 4-8 p. 79
276 e p. 98
276 e-277 a p. 72
276 e 1-3 p. 79
276 e 2-3 p. 130
276 e 3 p. 73
276 e 5 p. 70
276 e 5-277 a 3 p. 76
276 e 5-277 a 4 p. 84
276 e 5-6 p. 92, 173
276 e 6 p. 75
276 e s. p. 98
277 a 1 p. 74
277 a 3 p. 128
277 b p. 82
277 b 5-8 p. 92
277 b 8-9 p. 62
277 b c p. 170
277 c 2 p. 170
277 d 7-8 p. 135
278 a 1 p. 92
278 a 4-5 p. 62
278 c p. 166
278 c 2-3 p. 81
278 c 4 p. 83
278 c 4-e 3 p. 82
278 c 4-5 p. 82
278 c 6-7 p. 82
278 c 7 p. 90
278 c d p. 98
278 d 8 p. 83

278 d 8-e 1 p. 82
279 a 8 p. 88

*República*

327 a-c p. 142
327 c p. 143
331 d-336 a p. 63
332 b 9 p. 63
347 e p. 146
354 b p. 146
357 a p. 146
358 b-362 c p. 146
362 d 9 p. 96
362 e-367 e p. 146
368 b 4 p. 96
368 b 7 p. 96
368 b 7 c 1 p. 96
368 c 1 p. 96
368 c 3 p. 97
368 c 5 p. 96
376 d p. 79
378 d p. 63
435 c 4-6 p. 120
435 c 9-d 3 p. 117
435 d 3 p. 74
435 e ss. p. 114
443 c-e p. 146
445 c 5 p. 96
449 c 4-8 p. 83
474 b-480 a p. 90
474 d ss. p. 83
485 b-487 a p. 57
485 b 6 p. 89
487 a p. 136

494 ss. p. 23
497 c p. 22
500 b-d p. 105
500 c p. 121
501 e p. 79
503 d p. 31
503 e p. 118
504 a p. 118
504 a ss. p. 106
504 a-c 151
504 b 2 p. 74
504 b-d p. 118
504 d e p. 118
505 a p. 118
505 a 3 p. 42
506 d 8-e 3 p. 118
506 d e p. 118
508 e 2-509 a 4 p. 89
509 a 4-5 p. 89
509 b 9 p. 118
509 b 9-10 p. 118
509 c p. 118
509 c 5-10 118
509 c 9-10 p. 118
509 d-511 e p. 103
510 c ss. p. 127
511 b p. 89
511 b 8 p. 89
511 b-c p. 170
515 c 4-517 b 7 p. 185
516 b p. 184
517 b-c p. 184
518 c 8-d 4 p. 167
518 d 4 p. 83

518 d e p. 121
521 c 6 p. 167
531 c ss. p. 127
532 e p. 184
532 e 3 p. 84
532 e ss. p. 106
533 a p. 35, 118
533 a 1-2 p. 118
533 e p. 98
534 a 7 p. 74
534 c 1-3 p. 98
540 a p. 106
585 b ss. p. 121
589 d 1 p. 121
589 e 4 p. 121
590 d 1 p. 121
608 c-611 a p. 119
611 a-612 a p. 119
611 b 9-10 p. 42
611 c 6 p. 120
611 d 2 p. 119, 121
611 e p. 134
611 e 2 p. 71
611 e 4 p. 120
611 a-612 a p. 119
612 a 4 p. 120
612 a 5-6 p. 120
613 b p. 184

*Político*
261 e p. 98
285 c-287 a p. 48
285 d 10-286 b 2 p. 184
285 e 4 p. 89
286 b 1 p. 48
304 c 10-d 2 p. 157
309 c p. 122

*Protágoras*
317 b c p. 33
320 c p. 155
322 d 5 p. 155
323 a 5 p. 155
324 d 6 p. 155
334 c-338 e p. 169
338 e p. 65
338 e-347 a p. 65
339 b-d p. 65
340 a 1 p. 65
341 c 8-9 p. 65
341 d p. 30
341 d 8 p. 99
342 a-347 a p. 41
342 a-e p. 31
347 a-b p. 167
347 c-348 a p. 67
347 e 3-7 p. 67
348 a 5 p. 67
348 d p. 42
351 e 8-11 p. 169
353 a ss. p. 162
353 b 4 p. 162

*Sofista*
263 e p. 42

*Banquete*
175 b p. 42
199 c-201 c p. 149

201 e p. 162
203 e p. 184
203 e ss. p. 125
204 b ss. p. 83
208 b p. 162
210 a ss. p. 103
210 e p. 184
212 c p. 147
214 e 3-4 p. 167
217 c-219 d p. 148
218 c p. 148
218 d-219 a p. 148
219 b c p. 149
220 c d p. 149
221 d-222 a p. 148

*Teeteto*
172 c-177 c p. 83
176 b p. 184
189 e p. 42

**Timeu**
27 a p. 113
28 c p. 28
28 c 3-5 p. 108
29 b p. 89
29 d p. 157
35 a p. 121
35 a-36 d p. 122
41 d p. 121
52 c d p. 108
53 d p. 111
53 d 6-7 p. 108
68 d p. 157
69 b p. 157
69 c d p. 121
90 b p. 121
90 c d p. 184
90 d p. 184
90 d 5 p. 121

**Plutarco**
*De Iside et Osiride*
48, 370 F p. 109

**Teágenes**
*Fragmentos* (ed. Diels-Kranz)
8 A 1-4 p. 60

**Teógnis**
681 s. p. 59

**Teofrasto**
Metafísica
6 b 28 p. 90
7 b 14 p. 90
10 b 26 p. 90
11 a 23 p. 90

**Xenófanes**
*Fragmentos* (ed. Diels-Kranz)
21 B 10 p. 59
21 B 11 p. 60
21 B 15 p. 60

**Edições Loyola**

**editoração impressão acabamento**

Rua 1822 nº 341 – Ipiranga
04216-000 São Paulo, SP
**T** 55 11 3385 8500/8501, 2063 4275
**www.loyola.com.br**